AF285775

EVELIN DEHL-STORBECK

Allein auf dem Jakobsweg

Mein Weg nach Santiago de Compostela

Bibliografische Information der Deutschen Bibliothek:
Die Deutsche Bibliothek verzeichnet diese Publikation
In der Deutschen Nationalbibliografie.
Detaillierte bibliografische Daten sind im Internet über
http://dnb.ddb.de abrufbar

2. korrigierte und überarbeitete Auflage

ISBN: 9783839145814

Herstellung und Verlag:

BoD - Books on Demand GmbH, Norderstedt
www.bod.de

2010

Vorwort zu Neuauflage

Gleich nach dem Erscheinen meines Buches 2007 war klar:
Es hatten sich leider viele Fehler in der veröffentlichten Fassung
erhalten.
Aber deswegen gleich eine neue Auflage herausbringen?

Erst die vielen dankbaren Zuschriften von Lesern und Leserinnen
haben in mir den Wunsch geweckt, mich noch einmal meinem
Büchlein zuzuwenden.

Die nun vorliegende Neuauflage unterscheidet sich von der ersten
nicht wesentlich, allerdings habe ich an einigen Stellen zum
besseren Verständnis etwas hinzugefügt oder erklärt. Außerdem
habe ich mich entschlossen, mehr Fotos hineinzunehmen.

Ich danke allen für ihre konstruktive Kritik und die vielen Berichte
über eine eigene Wanderung nach Santiago de Compostela, zu
denen ich einen kleinen Anstoß hatte geben können.

Weiterhin für alle: Bon Camino!

Berlin, 8. Juli 2010   Evelin Dehl-Storbeck

Fotonachweis:

Fotos auf den Seiten 71 und 108 von Wolfram Spitzer

Pralinenfotos auf Seite 100:
www.theobroma-cacao.de/.../museo-del-chocolate-**astorga**/

Fotos auf Seite 140 und auf der Rückseite des Covers
von Donna Flynn

Foto auf Seite 87 von José Antonio Gil Martínez; siehe:
http://es.wikipedia.org/wiki/Archivo:Ermita_de_la_Virgen_del_Puente.jpg

Foto auf Seite 98 von Creative Commons; siehe:
http://commons.wikimedia.org/wiki/File:Astorga_reloj_maragato_JMM.JPG?uselang=de

Alle anderen Fotos von Antonio Martínez Torres

Zum Buch:

Nach Santiago de Compostela als Konfessionslose? Ja!
Ich wurde getragen von meiner Liebe zu Spanien und der
Faszination, einen Weg zu laufen, den schon seit Jahrhunderten
Tausende vor mir gelaufen sind.
Ein Menschheitsweg. Mein Reisebericht ist ganz „geerdet".
Ich hatte keine Visionen, keine spektakulären Begegnungen und
habe nichts Ungewöhnliches oder gar Verrücktes getan oder
gesucht. Ich bin den Jakobsweg einfach nur gegangen.

Mir ist es ein großes Anliegen, mit meinem Tagebuch vor allem
auch Menschen anzusprechen, die nicht unbedingt aus religiösen
Motiven den Wunsch verspüren, den Jakobsweg zu gehen. Ich
möchte allen Mut machen, diese Wanderung zu wagen und sich
auf ein ganz persönliches und wunderbares Abenteuer mit sich
selbst einzulassen.

Zur Autorin:
Evelin Dehl-Storbeck wurde am 1. April 1951 in Berlin geboren.
Sie studierte Religionswissenschaft, Psychologie und Spanisch.
Seit 1991 arbeitet sie an einer Grundschule in Tiergarten (Berlin
Mitte) als Lebenskunde-Lehrerin des Humanistischen Verbandes
Deutschland und als Humanistische Beraterin.

Etappenübersicht

1. Tag	Mi, 22. Juni	**Berlin→Biarritz→Bayonne→St.-Jean-Pied-de-Port**	
2. Tag	Do, 23. Juni	in Saint-Jean-Pied-de-Port	
3. Tag	Fr, 24. Juni	Saint-Jean-Pied-de-Port→**Hunto**	5 km
4. Tag	Sa, 25. Juni	Hunto→**Roncesvalles**	21 km
5. Tag	So, 26. Juni	Roncesvalles→**Zubiri**	21 km
6. Tag	Mo, 27. Juni	Zubiri→**Pamplona**	20 km
7. Tag	Di, 28. Juni	Pamplona→**Obanos**	20 km
8. Tag	Mi, 29 Juni	Obanos→**Puente la Reina**	3 km
9. Tag	Do, 30. Juni	Puente la Reina→**Estella**	19 km
10. Tag	Fr, 1. Juli	Estella→**Los Arcos**	21 km
11. Tag	Sa, 2. Juli	Los Arcos→**Viana**	18 km
12. Tag	So, 3. Juli	Viana→**Navarette**	23 km
13. Tag	Mo, 4. Juli	Navarette→**Azofra**	22 km
14. Tag	Di, 5. Juli	Azofra→**Redecilla del Camino**	27 km
15. Tag	Mi, 6. Juli	Redecilla del Camino→Tosantos	19 km
		Tosantos→Burgos	*(33 km)*
		Burgos →**Tardajos**	9 km
16. Tag	Do, 7. Juli	Tardajos→**Hontanas**	20,5 km
17. Tag	Fr, 8. Juli	Hontanas→**Itero de la Vega**	20 km
18. Tag	Sa, 9. Juli	Itero de la Vega →**Villalcazar de Sirga**	28 km
19. Tag	So, 10. Juli	Villalcázar de Sirga→**Calzadilla de la Cueza**	23 km
20. Tag	Mo, 11. Juli	Calzadilla de la Cueza→**Sahagún**	24 km
21. Tag	Di, 12. Juli	Sahagún→**El Burgo Ranero**	18 km
22. Tag	Mi, 13. Juli	mit Zug von El Burgo Ranero nach **León**	*(38 km)*
23. Tag	Do, 14. Juli	mit Zug von León nach **Astorga**	*(56 km)*
24. Tag	Fr, 15. Juli	Ruhetag in Astorga	
25. Tag	Sa, 16. Juli	Astorga→**Rabanal del Camino**	20 km
26. Tag	So, 17. Juli	Rabanal del Camino→**Molinaseca**	26 km
27. Tag	Mo, 18. Juli	Molinaseca →**Cacabelos**	24 km
28. Tag	Di, 19. Juli	Cacabelos→**Villafranca del Bierzo**	8 km
29. Tag	Mi, 20. Juli	Villafranca del Bierzo→**Ruitelán**	20 km
30. Tag	Do, 21. Juli	Ruitelán→**Fonfría**	21 km
31. Tag	Fr, 22. Juli	Fonfría→**Samos**	19 km
32. Tag	Sa, 23. Juli	Samos→**Morgade**	25 km
33. Tag	So, 24. Juli	Morgade→**Ventas de Narón**	23 km
34. Tag	Mo, 25. Juli	Ventas de Narón→**Coto**	19 km
		◎ **Feiertag des Heiligen Jakob**	
35. Tag	Di, 26. Juli	Coto→**Ribadiso**	17,5 km
36. Tag	Mi, 27. Juli	Ribadiso→**Monte del Gozo**	39,5 km
37. Tag	Do, 28. Juli	**nach Santiago de Compostela**	5 km
			778,5 km
38. Tag	Fr, 29. Juli	Rückflug: Santiago de Compostela→Madrid→Berlin	

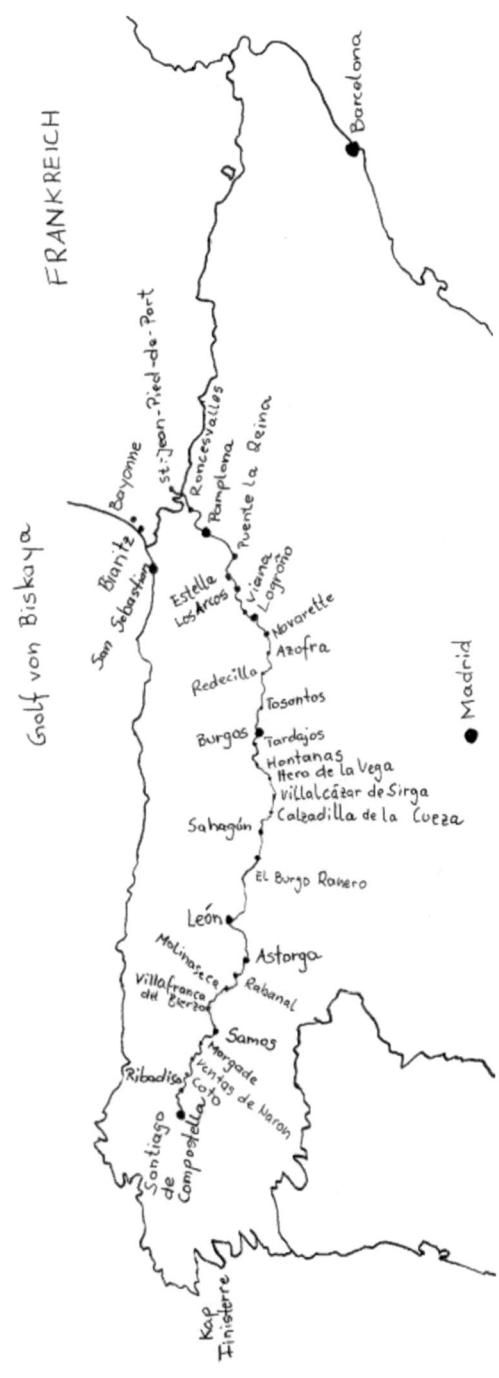

FRANKREICH

Golf von Biskaya

Bayonne
Biaritz
San Sebastian
St-Jean-Pied-de-Port
Roncesvalles
Pamplona
Puente la Reina
Estella
Los Arcos
Viana
Logroño
Navarette
Azofra
Redecilla
Tosantos
Burgos
Tardajos
Hontanas
Hero de la Vega
Villalcázar de Sirga
Calzadilla de la Cueza
Sahagún
El Burgo Ranero
León
Astorga
Molinaseca
Rabanal
Villafranca del Bierzo
Samos
Mergade
Ventas de Narón
Ribadisa Coto
Santiago de Compostela
Kap Finistere
Madrid
Barcelona

Am 3. Juli 2005 in Villafranca del Bierzo

FÜR MEINE FREUNDIN ROSA

Wie alles begann

Ein paar Monate bevor ich vierzig wurde, trennte ich mich von meinem ersten Mann. Mit ihm hatte mich unter anderem eine leidenschaftliche Liebe zu Spanien verbunden; wir hatten an der Freien Universität Berlin zusammen Spanisch studiert und seit 1980 jedes Jahr viele Wochen in diesem wundervollen Land verbracht. Inzwischen hatten wir gemeinsame Freunde in Valencia, Soria und San Sebastian. Ich alleine war 1981 und 1983 per Bus durch Andalusien gereist, und eine meiner besten Freundinnen lebt in Almeria. Nach unserer Trennung wanderte er nach Spanien aus, und im Sommer 1991 brachte ich ihm unseren sechsjährigen Sohn Sandro, damit sie gemeinsam die Sommerferien verbringen konnten.

Ich unternahm während dieser Zeit eine Rundreise, um mich von meinen Freunden und Freundinnen zu verabschieden, denn ich hatte das bestimmte Gefühl, ich würde für Jahre nicht mehr hierher kommen. Mein Weg sollte mich nach Valencia, Almeria, Granada, Cordoba und Toledo führen, und bei meiner Freundin in Valencia las ich den kleinen Abenteuer-Roman *Endrina und das Geheimnis des Pilgers*[1]. Es ist die Geschichte eines jungen Mädchens im 12. Jahrhundert, das zwei Pilger auf ihrem Weg nach Santiago de Compostela begleitet. Zu jener Zeit befanden sich die christlichen Wallfahrten nach Santiago auf einem ihrer Höhepunkte. Tausende und Abertausende von Pilger überquerten jährlich die Pyrenäen. Sie kamen von den entferntesten und unterschiedlichsten Ländern, und ihr Ziel war die angebliche Grabstätte des Apostels Jakob in Galicien.

Tatsächlich weiß die Apostelgeschichte über den Apostel Jakobus (den Älteren) fast nichts zu berichten. Nur sein gewaltsamer Tod auf Befehl von König Herodes wird in der Apostelgeschichte 12, 1-2 erwähnt. Dass er gereist sei, ist nicht bekannt und von Spanien nicht einmal andeutungsweise die Rede.

Dennoch wird im Codex Calixtinus – einem Sammelwerk mit verschiedenen Berichten und Wundererzählungen, das um 1150 geschrieben worden ist und schnell zum Reiseführer für die Jakobswege wurde – folgendes erzählt: Der Apostel Jakobus hatte in Spanien missioniert und kehrte später nach Jerusalem zurück, um die dortige christliche Gemeinde zu leiten. Nach seinem Märtyrertod legten ihn zwei seiner Jünger in ein Boot, das von Engeln geleitet in sieben Tagen nach Galicien segelte. Dort landete es am Bischofssitz Iria Flavia, dem heutigen Padrón. Die Jünger nahmen den Leichnam aus dem Boot, brachten ihn an den Ort, der heute Santiago de Compostela heißt, und begruben ihn da: Es war der 25. Juli, der heutige

---

1 siehe Bücherliste am Ende des Buches, in der auch alle weiteren von mir genannten Bücher aufgeführt sind.

Jakobstag. Die Gräber des Apostels und seiner Jünger gerieten in Vergessenheit. Erst um 842 wurde ein Einsiedler durch Lichterscheinungen und wunderbare Klänge auf die Gräber aufmerksam. Der Bischof von Iria Flavia wurde herbeigerufen und ließ das Grab öffnen. Der Inhalt wurde als die Gebeine des Apostels Jakobus identifiziert und die Kunde verbreitete sich mit großer Geschwindigkeit, denn es war eine Sensation! Schließlich gab es außer in Rom sonst nirgends in Europa ein Apostelgrab .

So wurde Santiago de Compostela zu dem dritten großen Pilgerziel der Christenheit – neben Jerusalem und Rom. Jeweils ein Drittel der Sünden wird einem Pilger der Tradition nach an jedem dieser Orte vergeben. Fällt der 25. Juli auf einen Sonntag, dann ist **Jakobsjahr** und jedem Pilger werden in Santiago de Compostela seine gesamten Sünden vergeben.

Im Mittelalter waren zwar ebenso wie heute sehr verschiedene Menschen nach Santiago unterwegs, aber die meisten vereinte ein gemeinsamer unverbrüchlicher Glaube, der es ihnen ermöglichte, Gefahren und Mühsal ohne Ende zu ertragen. Heute dagegen sind die Motive der Pilger wesentlich vielfältiger.

Die Route, die nach Santiago de Compostela führte, war damals in erster Linie ein Weg des Glaubens, doch bereits von Anfang an war es nicht allein die Kirche, die Interesse daran hatte, diesen Weg zu schaffen und zu erhalten. Es waren politische und wirtschaftliche Interessen, vor allem waren es Könige und Kaufleute, die den Weg schützten, ihn in bestimmte Regionen führten, durch bestimmte Städte lenkten und ausbauten.

Aufgrund des großen Pilgerstroms wurden Hospitäler und Klöster gegründet, Kirchen und Gasthäuser wurden errichtet, Brücken gebaut und Straßen befestigt. Seine große Bedeutung erlangte er aber gewiss vor allem dadurch, dass er schnell ein Weg wurde, auf dem sich Sitten, Gebräuche und Ideen der verschiedenen Völker kreuzten und das Wissen jedes Einzelnen bereicherten.

In gewisser Weise begann auf dem Jakobsweg die Einheit Europas. Es verbanden sich unterschiedliche Kulturen und verbreiteten sich. Die französischen Mönche aus Cluny ließen sich auf der ganzen Länge des Jakobswegs nieder und brachten so das Romanische nach Spanien. Umgekehrt kam der größte Teil der Werke der antiken griechischen Autoren nach Europa. Sie waren von den Arabern vervielfältigt und später auf der Übersetzerschule von Toledo ins Lateinische übertragen worden.

In *Endrina und das Geheimnis des Pilgers* lernte ich eben diesen Jakobsweg kennen – mit seinen Banditen, Straßenräubern und falschen Pilgern, mit gefährlichen Flüssen, Unwettern und Schneestürmen. Ich hörte die Musik und Lieder der Spieler, Gaukler und Troubadoure und erlebte fröhliche Feste auf Plätzen und Märkten mit. Vor meinem inneren Auge sah ich Kirchen und Klöster, Pilgerunterkünfte und Kathedralen. Was mich aber vor allem in höchstem Maße faszinierte, war, dass diese Leute damals eine so weite Strecke zu Fuß zurück gelegt hatten.

Einfach Wahnsinn!!

Ich war vollkommen beeindruckt. Dennoch wusste ich derzeit nicht, dass der Weg noch immer existierte. Tatsächlich war es sogar so, dass ich nach meiner Abschiedstour Spanien in gewisser Weise vergaß. Natürlich nicht vollkommen, mein Sohn flog schließlich ein- oder manchmal zweimal im Jahr zu seinem Vater. Ab und zu schrieb ich eine Postkarte an meine Freundinnen und wenn mein Ex-Mann Weihnachten oder an Sandros Geburtstag nach Berlin kam, brachte er Wein und Olivenöl mit. Dennoch, als ich meinen jetzigen Mann kennen lernte, und ich ihm von Spanien erzählte, erschien mir manchmal alles so weit entfernt, dass es mir beinahe so vorkam, als wäre es keine Realität gewesen. 2002, also elf Jahre nach meinem letzten Besuch, fuhr ich das erste Mal gemeinsam mit meinem Mann gewissermaßen in meine spanische Vergangenheit. Es war ein einmaliges Erlebnis. Ich kam in ein vertrautes Land, meine Freundinnen und Freunde begrüßten uns mit offenen Armen, und ich hatte von Anfang an das Gefühl, als wäre ich erst gestern fortgefahren. Das Allerschönste aber war, dass mein Mann sich ebenfalls in dieses Land verliebte und sogar begann, die Sprache zu lernen.

Und dann erfuhr ich von einer Freundin in Berlin, dass es den Jakobsweg noch gibt und dass Tausende von Menschen auch heute nach Santiago de Compostela pilgern. Freilich laufen nicht mehr alle aus religiösen Gründen diesen Weg, manche tun es aus sportlichem Ehrgeiz oder aus Wanderlust, manche um der Kultur Willen oder aus geschichtlichem Interesse, und vor allem starten sie nicht alle zu Hause, obwohl meine Freundin dies tatsächlich vorhatte: Von Berlin aus wollte sie zusammen mit einer Gruppe auf dem Fahrrad nach Santiago de Compostela pilgern. Ich war begeistert! Und für mich stand fest: Wenn es diesen Weg noch immer gab und so viele Menschen ihn jährlich bewältigten, dann wollte ich das auch tun.

Starten würde ich in Frankreich. Ich wollte unbedingt die Pyrenäen überqueren, denn als Jugendliche hatte mich ein Film über den Spanischen Bürgerkrieg sehr beeindruckt. Darin führte ein Junge unter Lebensgefahr nachts heimlich Flüchtlinge von Spanien über die Pyrenäen nach Frankreich. Ich wollte nun für mich diese beiden Geschichten miteinander verknüpfen und den so genannten *„Französischen Weg"* gehen. In meinem *Endrina*-Buch gab es einen kleinen Plan. Nach dem würde ich mich richten.

13

2004 war Jakobsjahr und wie ich inzwischen wusste, waren dann immer viermal so viele Pilger unterwegs wie sonst. Also legte ich 2005 für meine Wanderung fest.

Vorbereitungen

2003 fing ich an, zweimal die Woche zum Kraft-Training zu gehen. Ich bin in meinem Leben nie sportlich gewesen und wer mich kennt, weiß, dass ich auch keine Freundin des Wanderns bin. Ich hatte keine Kondition und schon gar keine Muskelkraft. Letztere zu verbessern, damit wollte ich anfangen und gleichzeitig nahm ich mir vor, zu Hause auf dem Cross-Trainer mit einem Konditionstraining zu beginnen. Das Kraft-Training war ein voller Erfolg, es machte mir Spaß und ich fühlte, wie ich tatsächlich allmählich kräftiger wurde und sich Muskeln strafften oder überhaupt ausbildeten. Mit dem Cross-Trainer dagegen war es nicht so einfach, und ich verschob es von Monat zu Monat, von Jahresbeginn zu Ferienende... Schließlich schenkte mir mein Mann neun Höhentrainingseinheiten, die ich drei Monate vor meinem Start tatsächlich absolvierte. Dadurch bekam ich ein Gefühl für meine Kondition, die laut eines Tests „mangelhaft" (!) war, und dafür, wie es sich anfühlt, drei Kilometer oder sechs pro Stunde zu laufen.

Im Sommer 2004 lernte ich Kerry kennen, eine junge irische Frau, die 2003 nach Santiago gepilgert war. Sie erzählte mir voller Begeisterung von ihrem Weg, zeigte mir Fotos und gab mir die ersten wertvollen Tipps. So begann mit ihr in gewisser Weise meine Pilgerschaft konkret zu werden. Ich probierte Wanderstiefel aus und kaufte mir noch vor Weihnachten meinen Rucksack. Er wog 1250 Gramm. Das war gut, das war wenig. Darauf kam von nun an alles an. Jedes Teil wog ich sorgfältig ab. Ich hatte vor, nicht mehr als sieben Kilo mitzunehmen, denn ich hatte gelesen, dass 10 % des Eigengewichtes ideal wären für eine derartige Tour. Allerdings stellte sich dies als äußerst schwierig heraus. Allein die Hirschtalg-Fußpflegecreme, die Sonnencreme, das Stück Seife, der Schlafsack und die Wandersandalen wogen schon einiges. Blitzschnell hatte ich sieben Kilo zusammen. Am Schluss wog der Rucksack acht Kilo, und ich war ziemlich unglücklich darüber. Aber ich konnte auf kein einziges Teil verzichten: eine lange Hose, eine Regenjacke, eine kurzärmlige Bluse, ein dünnes, langärmliges Hemd, zwei Unterhosen, ein dünnes Seidenunterhemd zum Drunterziehen (falls es wirklich einmal kühl werden sollte, ansonsten für nachts), einen Sarong, der sich in alles verwandeln würde: Laken, Handtuch, Schal, Schultertuch, Rock, Kleid, Decke. Eine Fleece-Jacke, mit der ich mich in kühlen Nächten auch einmal zudeckte, ein Mikrofaser-Handtuch, ein Paar ganz leichte Flip-Flops für die Zeit nach der Wanderung und zum Duschen, meine Wanderschuhe, zwei Paar Socken, ein Paar dünne Nylonsocken und dann die Kulturtasche: Gesichtswasser und eine Tube Rosencreme. Eine Nagelschere, eine Schnur, um Wäsche aufzuhängen, Sicherheitsnadeln zu demselben Zweck, ein kleines Taschenmesser und mein Handy. Außerdem natürlich alle Papiere: Tickets, Ausweis, Pilgerpass, ein kleiner Wanderführer, ein Kugelschreiber und zwei kleine Notizblocks. Zusammen also acht Kilo und dazu würde dann noch etwa ein Liter Wasser kommen.

vorher

Am 22. Juni 2005 war es soweit. Mein Mann schor mir die Haare. Ja, s c h o r ! Ich wollte mich auf keinen Fall um mein Aussehen kümmern müssen, vielleicht gar, nachdem ich stundenlang meinen Sonnenhut aufhatte, überlegen, ob meine Haare sitzen, wenn ich ihn abnahm. Außerdem würde ich so kein Shampoo mitschleppen müssen. Das Stück Seife war ausreichend für alles.

nachher

Und dann ging es los.

1. Tag
Mittwoch, 22. Juni 2005
Berlin → Paris → Biarritz → Bayonne → Saint-Jean-Pied-de-Port

Der Abschied von meinem Mann war recht schwer. Immerhin war es das erste Mal nach sieben Jahren, dass wir den Sommerurlaub getrennt verbringen würden, und schließlich würden wir uns über sechs Wochen nicht sehen. Außerdem planten wir doch jeder etwas sehr Außergewöhnliches, ja sogar Abenteuerliches, wenngleich nicht unbedingt Gefährliches. Ich wollte knapp 800 Kilometer durch Nordspanien laufen, und er würde über Katmandu nach Lhasa fliegen, von dort in einem Landrover mehr als 1000 Kilometer durch Tibet fahren, um in West-Tibet den Heiligen Berg Kailash zu umrunden (drei Tage lang in einer Höhe von über 5000 Meter). Und dann zurück, wiederum gut 1000 Kilometer über die Berge nach Nepal. Beide hatten wir uns gut vorbereitet auf unsere Abenteuer, beide erfüllten wir uns damit einen großen Traum, beide wussten wir aber auch, dass immer etwas passieren kann. Und so war der Abschied ein Gemisch aus großer Freude, Aufregung und auch ein wenig Bangigkeit.

Wir gingen zusammen los, ich blieb an der Bus-Haltestelle stehen und er ging in die U-Bahn hinunter, denn vor ihm lag ein ganz normaler Arbeitstag. Nach wenigen Minuten tippte mir jemand auf die Schulter: Mein Mann! Noch einmal nahmen wir uns in den Arm, dann ging er endgültig arbeiten, während ich dastand und glücklich vor mich hinlächelte. Schön, dass er für diesen Moment zurückgekommen war.

●

Als ich viel zu früh am Flughafen ankam, war zu meiner Überraschung der Schalter schon geöffnet und ich konnte sofort einchecken. Ich lief ein Weilchen umher, und als ich wieder zurückkam, gingen bereits einige Leute in die Wartehalle. Ich wunderte mich: Das ging aber schnell. Ich ging ebenfalls durch die Kontrolle, dabei entdeckten die Sicherheitsleute in meiner Bauchtasche mein Taschenmesser! Mir brach der Schweiß aus. Meine Güte, wie dumm von mir. Ich hatte die Wahl: wegwerfen oder einen Antrag stellen und Geld bezahlen, damit mir das Messer in Biarritz wieder ausgehändigt werden konnte, das heißt, wenn ich Glück hatte. Ich wusste, das klappte nicht immer. Also entschied ich mich fürs Wegwerfen. Man hielt mir ein verplombtes Gefäß hin und ich war mein Messer los. So ein Mist!

Nach gar nicht langer Zeit wurden wir aufgefordert einzusteigen. Das ging ja alles sehr schnell. Ich war verblüfft und auch ein wenig verunsichert. War ich hier überhaupt richtig? Die Passagiere sahen so gar nicht nach Urlaub aus, aber nach Paris fliegen schließlich auch viele Geschäftsleute. Doch tatsächlich: Als die Stewardess mein Ticket kontrollierte, sah sie mich an und sagte: „Sie wollen nach Paris? Dann sind Sie hier falsch. Wir fliegen nach Stuttgart." „Nach Stuttgart?!!" – Wie konnte mir denn das passieren? Ich bin in meinem Leben schon unzählige Male geflogen, aber so etwas habe ich noch nie fertig gebracht. O je, wie peinlich.

Ich verließ den Warteraum also wieder, vorbei an dem etwas überraschten Kontrollpersonal, das mir vorher gerade das Messer abgenommen und meine Wanderstiefel separat durchleuchtet hatte. Aktionismus war wohl die Erklärung. Tun. Ich versuchte, mich zu beruhigen und nahm mir vor, ab jetzt genau hinzuschauen und nachzudenken, bevor ich handelte. Es war ja tatsächlich auch noch viel zu früh. Allmählich bildete sich jetzt erst eine Schlange vor dem Paris-Schalter und in die Wartehalle durften wir noch gar nicht hinein.

In Paris kamen wir pünktlich an. Zum zweiten Mal war ich nun in Paris, um lediglich umzusteigen, und ich nahm mir vor, das nächste Mal mit meinem Mann zusammen hier ein paar Tage zu verbringen. Ich hatte eine Stunde Aufenthalt und schlenderte ein bisschen herum, verließ sogar kurz das Flughafengebäude, um Pariser Luft zu schnuppern. Es war bereits angenehm warm.

Als ich dann im Flugzeug nach Biarritz saß und wir auf die Startbahn rollten, dachte ich an die Abschiedsfeier in der Schule, die nun gerade begann. Ich bin seit 16 Jahren Lebenskunde-Lehrerin des Humanistischen Verbandes, und in diesem Jahr nahm ich das erste Mal nicht an der Verabschiedung der 6. Klassen teil. Ich hatte mich von meinen Lebenskunde-Kindern bereits vorher verabschiedet und ihnen auch von meiner Reise erzählt. Sie waren beeindruckt gewesen von meinem Vorhaben und verstanden gut, dass ich jeden Tag nutzen wollte.

Ich war sehr dankbar und glücklich, dass ich diese Reise antreten konnte. Es war aufregend, und gleichzeitig spürte ich eine angenehme Ruhe und Gelassenheit. Alles würde gut gehen. Fünfeinhalb Wochen lagen vor mir, und ich würde einfach einen Fuß vor den anderen setzen. Ich hatte mir alles offen gelassen: Zwanzig Kilometer würde ich sicherlich jeden Tag zurücklegen können. Rein rechnerisch würde das jedoch nicht reichen, um bis nach Santiago zu kommen. Entweder müsste ich also mehr Kilometer pro Tag schaffen oder auch mal ein Stück fahren Auf jeden Fall hatte ich mir vorgenommen, gut zu mir zu sein, mich nicht unter Druck zu setzen. Ich musste niemandem etwas beweisen, auch mir selbst nicht. Ich würde vielmehr auf meinen Körper hören und achtsam mit mir selbst umgehen. Seit Jahren hing der Spruch eines mir unbekannten Autors an meiner Wand; ich würde ihn beherzigen:

As I walked by myself,	Als ich mit mir selbst lief,
I talked to myself,	Sprach ich zu mir selbst
And myself said to me:	Und mein Selbst sprach zu mir:
Take care of yourself,	Pass auf auf dich selbst,
Because nobody else will.	Denn niemand sonst wird es tun.

Obwohl das Flugzeug mit einigen Minuten Verspätung abflog, kamen wir auch in Biarritz pünktlich an und es klappte alles wunderbar. Mein in eine große Plastiktüte gehüllter Rucksack kam sofort, nachdem ich mir die Information über den Bus zum Bahnhof geholt hatte. Ich hatte noch Zeit, zwei Postkarten zu kaufen, was sich als Glück erwies, denn der Busfahrer hätte einen 50-Euro-Schein nicht gewechselt.

Da ich bis zur Abfahrt meines Zuges nach Saint-Jean-Pied-de-Port noch zwei Stunden Zeit hatte, stieg ich kurz entschlossen im Zentrum von Bayonne aus. Bayonne ist eine sehr schöne mittelalterliche Stadt und in der imposanten Kathedrale, die vom Flugzeug aus bereits meine Aufmerksamkeit erregt hatte, zündete ich sechs Kerzen an – für meine Reise, für die Reise meines Mannes, für meine Freundin Rosa, die vor sieben Jahren an Krebs gestorben war, für den Mann meiner Nichte, der in diesem Jahr an Krebs erkrankt war, für meinen Sohn – für alle. Wer sich hier nun verwundern sollte, dass ich als Konfessionslose diese Kerzen angezündet habe, dem sei gesagt, dass ich dies von Rosa, der ich dieses Büchlein gewidmet habe, vor langer Zeit übernahm. Sie war katholisch erzogen worden und hatte, wenngleich sie sich längst von der katholischen Kirche und ihrem Glauben verabschiedet hatte, diese ihr liebgewordene Sitte beibehalten. Mir hat das Sichtbarmachen von Glück- oder Genesungswünschen für einen anderen Menschen oder auch für sich selbst stets gefallen. Außerdem ist für mich inzwischen dieses Anzünden einer Kerze ganz eng mit Rosa selbst verbunden, und so tue ich es sehr gerne, wann immer ich auf Reisen mal in eine katholische Kirche gerate.

Anschließend lief ich noch eine Weile durch den Ort und dann langsam zum Bahnhof. Es war ziemlich heiß und der Weg weiter, als ich gedacht hatte. Er führte über eine enorm lange Brücke. Doch ich genoss es, mit meinem Rucksack gemächlich zu gehen und alles gut und ganz aus der Nähe zu sehen. Auf dem Bahnhof lernte ich den ersten Santiago-Pilger kennen. Ein 67-jähriger Deutscher aus Trier, der heute mit dem Zug von dort hier angekommen war. Er war den Jakobsweg schon mehrmals gelaufen. Letztes Jahr mit seinen beiden Enkeln, zehn und elf Jahre alt, von Burgos aus.

In Saint-Jean-Pied-de-Port lief ich erst einmal an meinem Hotel vorbei und musste zurück. Zurücklaufen! Genau das wollte ich auf dieser Reise nicht und genau das würde ein Thema dieser Reise werden.

Das Zimmer war schön, angenehm kühl, mit einer herrlichen Aussicht auf die Pyrenäen. Ich hatte ein kanadisches Paar als Zimmernachbarn: Beatrice und Robert aus Vancouver, die hier in Frankreich Urlaub machten. Mein Mann hatte mich überredet, ein Handy mitzunehmen. Wir wollten jeden Tag kurz miteinander reden. Ursprünglich fand ich diese Idee nicht so gut. Ich hatte vorgehabt, mich ganz auszuklinken und zu sehen, wie das für mich ist. Schließlich war ich aber froh, dass ich das Handy mithatte; ich hatte sogar überraschend oft das Bedürfnis, es zu benutzen, nicht nur, um meinen Mann anzurufen, sondern auch meine Schwester, meinen Sohn, meine Schwiegereltern, meine Nichte. Jedes Mal, wenn ich irgendeinen Pass erreicht hatte oder an einem besonders schönen Ort war, hatte ich das starke Bedürfnis, mich mitzuteilen oder eine vertraute Stimme zu hören. Und so rief ich meinen Mann auch jetzt sofort an.

●

Bei einem Bummel durch das Städtchen traf ich den Deutschen aus Trier wieder. Er war in der Pilgerherberge untergekommen – ganz oben, unterm Dach, wo es heiß und stickig war. Er bedauerte nun, nicht auch in ein Hotel gegangen zu sein. Später gingen wir gemeinsam mit einer Schwedin und zwei jungen Deutschen essen. Die Schwedin war enttäuscht von den hohen Preisen und auch sonst ziemlich unzufrieden; sie beklagte, wie touristisch alles war, und dass sie das Gefühl hatte, die Pilger würden regelrecht abgezockt.

Möglicherweise hatte sie sogar recht, aber ich erinnerte mich an einen Bericht über einen Pilger im Mittelalter, worin es hieß, dass seine Pilgerschaft nach Santiago ihn umgerechnet ungefähr 6000 Euro gekostet hatte.

Es mussten damals Wege- und Brückenzölle gezahlt werden, er war überfallen und ausgeraubt worden und die Unterkünfte waren teuer gewesen, wenn er es einigermaßen angenehm haben und nicht auf Stroh und zwischen Ratten schlafen wollte. So ließ ich mir meine Begeisterung und mein Glücksgefühl, nun tatsächlich hier in Saint-Jean-Pied-de-Port zu sitzen und meine Wanderung vor mir zu haben, nicht verderben. So viel Geld würde mich mein Weg nicht kosten, und Räuber und Ratten musste ich auch nicht befürchten. Der Deutsche war über meine gute Laune merklich froh, und wir beide genossen das Essen, den guten Rotwein und das Hier-Sein. Er wollte morgen sofort los. Er hatte zwei Wochen bis Burgos geplant und drei Wochen von dort bis Santiago.

2. Tag
Donnerstag, 23. Juni 2005
In Saint-Jean-Pied-de-Port

Nachts hatte mich eine Mücke malträtiert, ansonsten hatte ich ganz gut geschlafen. Nach dem Frühstück ging ich in die Stadt und sofort ins Pilgerbüro. Dort begrüßte mich freundlich Wim, ein Franzose, der sehr gutes Deutsch mit holländischem Akzent sprach. Er stellte mir meinen *Pilgerpass* aus und gab mir eine Liste mit allen Herbergen auf dem Weg. Der Pilgerpass bestätigte, dass ich morgen meine Pilgerung nach Santiago de Compostela antreten würde. In jeder Herberge würde dann durch einen Stempel mein Weg dokumentiert werden. Er berechtigte mich, in den Pilgerherbergen zu übernachten, wo man für drei bis acht Euro ein Bett für eine Nacht und die Möglichkeit zu duschen und Wäsche zu waschen erhielt.

Wie sich noch herausstellen sollte, konnte man in fast jeder Bar oder Kirche ebenfalls einen Stempel bekommen. Es gab Pilger, besonders die, die mit dem Fahrrad unterwegs waren, die zu regelrechten Stempeljägern mutierten. In Spanien ist eine *Bar* übrigens eine Art Wirtshaus, in dem man natürlich Alkoholika bekommt (Bier, Wein und anderes), aber man bekommt hier ebenfalls einen Kaffee, Tee oder heiße Schokolade. In den meisten Bars entlang des Jakobswegs wird ein Frühstück angeboten und am Nachmittag, nach der Siesta, gibt es auch etwas zu essen.

Die Herbergsliste würde für die nächsten fünf Wochen meine Orientierung sein. Alle drei bis zehn Kilometer gibt es Ortschaften, die eine Herberge haben. Es gibt staatliche Herbergen, kirchliche und auch private. Preislich unterscheiden sie sich nicht sehr von einander. Daneben gibt es auch kleine Hotels oder Pensionen, die jedoch verhältnismäßig viel teurer sind. Wim erklärte anhand von Fotos genau den morgigen Weg und mahnte mehrmals, immer gut auf die Zeichen zu achten. In Frankreich waren dies rot-weiße Streifen, später würden es *gelbe Pfeile* sein und die *Jakobsmuschel*. Ich fühlte mich vollkommen glücklich und staunte immer noch, dass ich jetzt hier war und morgen meine große Wanderung starten würde.

Ich saß lange auf einer schattigen Wiese oberhalb von Saint-Jean-Pied-de-Port und genoss die schwüle Wärme, die herrliche Aussicht ins Tal und den blauen Himmel, auf dem einige wenige Wolken dahinzogen. Irgendwann schlief ich ein. Als ich aufwachte, war über mir eine riesige hauchdünne Wolkenschicht, die aussah wie ein großer Engel. Ich nahm es als gutes  Omen und freute mich darüber. Anschließend wanderte ich hoch zur Burg, die heute als Schule diente und nicht besichtigt werden konnte. Also setzte ich mich gleich wieder in den Schatten unter einen großen Baum, um mein Buch *Stimme des Zwielichts* zu Ende zu lesen. Es war die Geschichte einer tibetischen Nonne und einige Stellen berührten mich ganz besonders, zum Beispiel diese:

> „Abhängig sein ist Unfreiheit und
> nicht abhängig sein ist auch Unfreiheit.
> Ich freue mich auf das Retreat.
> Nichts gewinnen, nichts verlieren."

Diese Worte drückten in eigentümlicher Weise aus, was ich selbst empfand. Ich hatte mich nach fast sieben Jahren des Alleinlebens wieder verheiratet und fühlte mich glücklich und in der Gebundenheit gleichzeitig frei. Diese Wanderung machte ich allein, und ich fühlte mich dabei unabhängig, stark und sicher zugleich, auch durch das Wissen, dass andere Menschen hier ebenfalls unterwegs waren.

In meinem Buch war von „zuversichtlicher Ungewissheit" die Rede. Genau dieses Gefühl hatte ich in Bezug auf das, was vor mir lag. Später lief ich ein wenig im malerischen Saint-Jean-Pied-de-Port umher, suchte den Weg, den ich morgen gehen würde, das *„Spanische Tor"*, das ich passieren musste, um auf die *Route Napoleón* und hinauf in die Pyrenäen zu gelangen.

Im *Museum über den Jakobsweg* war leider alles nur auf Französisch. Ich mühte mich ab, um wenigstens das Wichtigste zu verstehen. Besonders interessant fand ich, dass alle Pilger im Mittelalter mit den gleichen *Pilgerrequisiten* ausgestattet waren. Der typische weite *braune Umhang mit einer großen Kapuze* zum Beispiel gehörte unbedingt dazu. Er sorgte für Anonymität, denn die Pilger wollten oft nicht nach ihrer Herkunft oder ihrem gesellschaftlichen Stand erkannt werden. Selbst die sehr reichen Pilger, die auf Pferden ritten und von Dienern begleitet wurden, trugen auf jeden Fall diesen Umhang. Natürlich unterschieden sich die Pilger letztlich doch in arm oder reich, spätestens wenn es um die Unterkünfte ging und sicherlich auch an der Qualität des Stoffes. Innen hatte dieser Umhang eingenähte Taschen, so dass die Pilger alles, was sie mit sich führten eng am Körper und nach außen hin unsichtbar tragen konnten. Dann gehörte der *Pilgerstab* dazu, an dem die *Kalebasse* befestigt wurde, in der man Wasser mit sich führte, und als deutlich sichtbares Zeichen trug jeder die *Jakobsmuschel* vorne an dem großen, ebenfalls *braunen Pilgerhut.*

Im Grunde tragen auch heute die Jakobspilger eine Einheitskleidung, wenngleich sie doch viel buntere Variationsmöglichkeiten haben: angefangen bei den Wanderschuhen, den typischen „Outdoor"-Hosen oder -Hemden bis hin zum Rucksack, an dem jeder seine Jakobsmuschel befestigt und so für alle als Wanderer auf dem Weg nach Santiago de Compostela zu erkennen ist. Das ist auch gut so, denn hat man wirklich mal einen falschen Weg eingeschlagen, wird man sofort angesprochen und wieder zurück auf den *Camino,* den Jakobsweg, geschickt.

Saint-Jean-Pied-de-Port war ganz und gar auf die Pilger eingestellt, die hier ihren Weg hinauf in die Pyrenäen antraten. In der Hauptstraße, der Rue de la Citadelle, gab es alles, was man vielleicht noch brauchen konnte: Von Schnürsenkeln über Trinkflaschen bis zum Sonnenhut. Ich kaufte mir einen Wanderstab für 4,50 Euro. Er war ganz schlicht, und ich hatte das Gefühl, er habe mich gefunden. Dann setzte ich mich in ein Gartenrestaurant, musste für eine Tasse Milch 2,50 Euro bezahlen und schrieb meine ersten Postkarten.

Abends ging ich mit meinen Zimmernachbarn Beatrice und Robert in das Restaurant, das ich schon vom Vorabend kannte. Obwohl es regnete, war es warm und alle saßen draußen unter einer großen

Markise. Ich bestellte den gleichen köstlichen Salat und genoss erneut den guten Wein. Um etwa 22 Uhr verließ ich die beiden, ich wollte allein sein und morgen auch nicht allzu spät raus.

3. Tag
Freitag, 24. Juni 2005
Saint-Jean-Pied-de-Port → Hunto   **5 km**

Obwohl mir Wim geraten hatte, erst gegen Mittag nach Hunto loszugehen, machte ich mich ohne Eile nach dem Frühstück – und nachdem ich auf dem Postamt meinen ersten dicken Brief mit Tagebuchaufzeichnungen, Fahrkarten, Prospekten usw. nach Hause geschickt hatte – auf den Weg. Nach dem gestrigen Tag konnte ich mir nicht vorstellen, dass es heute Mittag kühler werden würde.

Ich durchschritt das *Spanische Tor* und verließ Saint-Jean-Pied-de-Port genau um 9.30 Uhr. Fünf Kilometer lagen vor mir, nicht viel. Aber es war bereits jetzt schon recht heiß, und nach dem Tor ging es immer nur noch bergauf. Der Weg war nicht schwierig zu gehen, einfach nur eine Landstraße, diese allerdings äußerst steil, und ich war halbtot, als ich um etwa zwölf Uhr in Hunto ankam.

50 Meter vor dem Gasthaus machte ich noch eine 30-minütige Pause. Es war schön im Schatten der Bäume zu sitzen. Ich ahnte nicht, dass ich es gleich geschafft haben würde und bin dann prompt vorbeigelaufen ... also wieder ein paar Schritte zurück!
Es war niemand zu sehen und so heiß, dass die Stille sich dadurch zu verdichten schien. Ich ging hinters Haus in den Garten und rief. Meine Stimme wurde von der Hitze verschluckt, niemand antwortete. So nahm ich meinen Rucksack ab, zog meine Schuhe aus und wollte mich gerade ins Gras legen, als eine Frau kam, die über meine Anwesenheit nicht entzückt schien. Verständigung war auch nicht groß möglich, aber ich begriff, dass ich hier falsch war und außerdem viel zu früh und überhaupt hatte man mich gestern erwartet, nicht heute... Obwohl ich mich so gut vorbereitet und am Telefon noch mehrmals nachgefragt hatte, war meine Reservierung offensichtlich schon für Donnerstag notiert worden – mein Französisch ist eben einfach miserabel.
Sie war ziemlich verstimmt, schließlich war sie aber immerhin doch so entgegenkommend, dass sie mich in ein Zimmer führte – das war wunderbar. Sie verschwand dann und ich habe sie nie wiedergesehen oder später nicht mehr erkannt. Niemand war jedenfalls noch mal so missmutig. Alle waren ausgesprochen freundlich und um unser Wohlbefinden bemüht. Nun konnte ich mir ein Bett aussuchen.

Ich duschte, schlief ein Stündchen und fühlte mich danach schon tausendmal besser. Der Schlafsack, den mir mein Sohn zu Weihnachten geschenkt hatte, war hervorragend.

Später setzte ich mich draußen vor die Tür und probierte auch meine Alumatte aus, die mich vor dem etwas feuchten Gras gut schützte. Inzwischen war Louis als zweiter Mitbewohner ins Zimmer gekommen. Er war Franzose, sprach gut Englisch und erzählte auf meine Frage, warum er den Jakobsweg laufe, dass er Krebs hätte. Er wollte morgen „nur" die Pyrenäen überqueren, einfach um zu sehen, ob er das schaffe und weil ihm diese Strecke des Weges noch fehlte. In Roncesvalles wollte er seine dänische Freundin abholen, die dort die letzten zwei Wochen Hospitalera gewesen war. **Hospitalera** bzw. **Hospitalero** sind die *Herbergsmütter* bzw. *-väter,* die meist als Freiwillige (und damit unentgeltlich) aus aller Herren Länder wochenweise in den Herbergen helfen.

Nun war ich in Hunto. Wie oft hatte ich mir das zu Hause vorgestellt – nicht etwa, weil Hunto ein besonders sehenswerter Ort wäre, lediglich weil ich mich immer gefragt hatte, wie ich diese ersten Kilometer hinauf in die Pyrenäen wohl schaffen würde. Zwei Stunden hatte ich gebraucht plus eine halbe Stunde Pause. Der Weg hierher war wunderschön gewesen und das Wetter herrlich klar – allerdings sehr, sehr heiß. Jetzt war es kurz nach 15 Uhr und seit einer Stunde wurde es immer drückender. Über uns und über den nahe gelegenen höheren Bergen brauten sich dunkle Wolken zusammen. Vielleicht würde es am Abend wieder ein bisschen regnen. Solange brauchte ich aber gar nicht zu warten, es fing bereits an.

Gerade waren drei Franzosen angekommen. Sie waren aus Lyon und wollten morgen auch bis „Ronceveaux", das ist die französische Form von Roncesvalles, der ersten Station in Spanien. Damit war dann ihre erste Etappe für dieses Jahr beendet. Nächstes Jahr würden sie von dort starten und bis Santiago wandern.

Es war bestimmt gut, dass ich es langsam angehen ließ, aber im Prinzip gefiel es mir nicht, nur bis mittags zu laufen. Ich langweilte mich jetzt doch ein bisschen und konnte mir nicht vorstellen, dass ich das oft tun würde.

Am Abend, so gegen 18 Uhr, saß ich mit Louis und noch ein paar anderen Leuten vor dem Gasthaus. Ich hatte Hunger, doch das gemeinsame Essen sollte erst um halb acht beginnen. Da kam ein großer, stattlicher Mann den Weg hoch und prustete laut: „O my god! O my god! Nobody prepared us for this!" –Oh mein Gott, oh mein Gott, darauf hat uns niemand vorbereitet!– ... Wie sehr ich mich ihm in seiner Erschöpfung verbunden fühlte, denn schließlich hatte ich Hunto ebenso abgekämpft erreicht. Ich begrüßte ihn mit einem freundlichen „Hallo, herzlich willkommen, Sie haben es geschafft. Sie sind angekommen, setzen Sie sich." Wie erlöst ließ er sich in den nächsten Korbsessel fallen ... nein, nein, das stimmt nicht. Er starrte mich entgeistert an und fragte: „Wirklich? Hier ist Hunto?" Dann hatte er große Mühe, sich seines riesigen Rucksacks zu entledigen, bevor er sich schließlich hinsetzen konnte, völlig entkräftet. Michael (sprich: Maikel) kam aus Kanada und war zusammen mit dem Ehepaar Jill und Jean-Jacques, der immer nur J.J. (sprich: Dschi-Dschi) genannt wurde, unterwegs, das inzwischen auch den Berg hochgeschnauft gekommen war. Die drei sollten meine „Pilgerfamilie" und Freunde werden.

Jill, von Beruf Lehrerin, war von zierlicher Gestalt, dafür aber eine große, mitfühlende Seele und J.J., ein freundlicher, meist zurückhaltender Mann, groß, blond, hatte etwas von einem gutmütigen Bären. Dass er Polizist ist, konnte ich ihm erst viel später entlocken. Er sprach nicht gern von seinem Beruf, denn er befürchtete, das würde ihm keine Sympathien einbringen. Michael erzählte, er sei Psychologe, sprach aber während der ganzen Zeit auch nicht oft über seine Arbeit, obwohl er ansonsten ein sehr kommunikativer, herzlicher Mann war, der gerne lachte und scherzte. Wohlbeleibt und offenbar begütert, schien er das Leben stets von der heiteren Seite zu nehmen.

Das Abendessen war hervorragend. Wir (etwa 16 Personen) saßen an einer langen, schön gedeckten Tafel und konnten zwischen Portwein und einem köstlichen Armagnac als Aperitif wählen. Ich bekam von beiden einen kleinen Schluck, weil ich mich nicht entscheiden konnte. Dann gab es eine Gemüsesuppe, danach gebratene Forelle mit Kartoffel-Kroketten und Zucchini-Beilage, schließlich einen köstlichen Nachtisch und zum Abschluss Käse. Dazu wurde ein guter Rotwein und Wasser gereicht. So ein üppiges und leckeres Fünf-Gänge-Menü sollten wir in den nächsten Wochen nicht noch einmal bekommen.

Mein Tischnachbar war ein 76-jähriger Österreicher, der schon über dreißig Jahre im Badischen lebte. Er war den Camino bereits des öfteren gelaufen und liebte ihn immer wieder. Er war fit und bewältigte gewöhnlich dreißig Kilometer am Tag. Ich sah ihn nie wieder.

4. Tag
Samstag, 25. Juni 2005
Hunto → Roncesvalles   **21 km**

Eigentlich wollte ich um sechs Uhr losgehen, aber das klappte nicht. Es war regnerisch und trüb draußen, und ich hatte auch noch keine Übung mit dem Rucksackpacken. Außerdem begann heute meine Fußpflege: Jeden Morgen cremte ich mir die Füße reichlich und hingebungsvoll mit Hirschtalg-Creme ein, dann zog ich dünne Nylonsöckchen an und darüber kamen meine Wandersocken. Diesen „Geheimtipp" hatte ich von meinem großen Bruder: Das Tragen von doppelten Socken sollte verhindern, dass ich mir Blasen scheuerte, denn statt an der Haut, reiben sich die beiden Sockenschichten aneinander. Schließlich cremte ich mein Gesicht, meinen Hals und Nacken, die Hände, Unterarme und -schenkel mit Sonnencreme ein. Das machte ich von nun an immer, gleichgültig, wie das Wetter aussah, denn schließlich wusste ich nie, ob die Sonne nicht doch noch herauskommen würde.

Um viertel vor sieben ging ich los. Der Weg verlief auf der Landstraße und führte steil bergauf. Ich hatte meine Regenjacke an, denn es nieselte ein wenig, doch ich war sehr froh über dieses Wetter; es war richtig angenehm. Es roch gut. Irgendwie roch es in Frankreich immer frisch und köstlich süß. Ich war allein. Nach etwa zehn Minuten ging es links hinein ins Gebirge. Der Weg war nun nur noch ein Sandpfad der sich immer höher und höher schlängelte. Plötzlich fiel mir ein, dass mir gestern Abend meine Sonnenbrille her-untergefallen war und ich sie nicht aufgehoben hatte mit dem Gedanken: „Ach, das kannst du morgen früh tun. Wenn du alles zusammenräumst, dann siehst du sie ja." Aber ich hatte sie nicht gesehen. Und nun war ich hier ohne sie. Das ging auf gar keinen Fall. Die Brille brauchte ich. Nach kurzem Zögern legte ich meinen Rucksack an den Rand des Weges und lief zurück! Bald begegnete ich Jill, J.J. und Michael und auch noch anderen, fremden Pilgern, die sicherlich schon aus Saint-Jean-Pied-de-Port kamen. Zurück, zurück. Wie ich das hasste. Was war nur los? Immer wieder musste ich zurück. Das ist etwas, was ich ganz ausdrücklich nicht wollte und der Grund, warum ich Wanderungen hasse – ich versuche immer, eine Runde zu laufen. Und nun war ich hier auf meiner großen Wanderung und schon zum dritten Mal musste ich zurück.

Ich fand die Brille sofort. Das Kopfkissen war heruntergerutscht, der Bezug hatte sich gelöst und lag gerade so, dass er die Brille bedeckte. Ich nahm sie, steckte sie ein und lief wieder los. Ohne Rucksack war das alles kein großes Problem, aber als ich um kurz nach acht wieder an der gleichen Stelle der Straße das Gasthaus hinter mir ließ, hatte ich doch ein etwas eigentümliches Gefühl. „Klappe: die Zweite".

Ich war schnell, schneller als ich dachte. Ich überholte sogar bald Jill, J.J. und Michael und war dann wieder an der Stelle, wo ich meinen Rucksack abgelegt hatte. Er war ein bisschen eingenieselt aber ansonsten wie erwartet: unberührt – wer würde sich auch mit einem acht Kilo schweren Rucksack belasten? Und dass mir jemand etwas daraus stehlen würde, hatte ich schlicht ausgeschlossen. Ich hievte ihn mir wieder auf den Rücken, und weiter ging's. Immer höher und höher hinein in die Berge. Die meiste Zeit war ich allein. Ab und zu überholte mich jemand, war dann aber innerhalb kürzester Zeit außer Sicht. Irgendwann betrat ich erneut die Landstraße. Der Nieselregen wurde schwächer. Ich zog die Regenjacke aus, mir war warm. Der Rucksack schützte vor zu viel Kühle und der Rest war willkommen. Zu sehen war nicht sehr viel. Nebel, Nebel ringsumher. Eine ganze Weile konnte ich nur drei, vier Meter weit schauen. Nach ungefähr einer Stunde kam ich in Orisson an; keine Ortschaft, nur ein großes Gasthaus. Hier, drei Kilometer nach Hunto, war also noch eine Übernachtungsmöglichkeit.

Eine ältere Frau und ein junges Paar gingen eine Zeitlang vor mir her. Als ich sie überholte, begrüßten wir uns mit dem unter Pilgern üblichen Gruß *Bon Camino!* Bevor die drei sich trennten, baten sie mich, ein Foto von ihnen zu machen. Der junge Mann war Mexikaner, die junge Frau Holländerin. Sie machten auch ein Foto von mir. Ich gab ihnen meine E-Mail-Adresse, aber leider habe ich bis heute nichts von ihnen erhalten.

Bald überholte mich ein Mann mit einem sehr kleinen Rucksack. Wir kamen kurz ins Gespräch. Er war Franzose und erzählte mir, dass er allein lebte und jedes Jahr, wenn er Urlaub hatte, einfach loslief. Er wüsste inzwischen, wie wenig er brauchte, drei Kilo hätte er bei sich. Ich war beeindruckt. Er hatte einen schnellen Schritt und war bald nicht mehr zu sehen.

Allmählich löste sich der Nebel auf. Es wurde wärmer, aber das Laufen war immer noch angenehm. Ich lief langsam, brauchte für einen Kilometer bestimmt zwanzig Minuten. Die Sicht war leider immer noch nicht sehr gut, auch als ich endlich über den Wolken war und die Sicht nach oben frei; denn hier oben gab es nicht viel zu sehen. Eine hügelige Heidelandschaft mit ein paar Büschen. Die Täler hingen voller Wolken. Hin und wieder wehte eine kühle Wolkenschicht herauf und nebelte mich angenehm ein (mir fiel mein Wolkenengel ein und ich war dankbar). Irgendwann erreichte ich den *Cisa-Pass;* ich war nun auf 1430 Meter Höhe und hatte somit knapp 1000 Höhenmeter bewältigt. Eine Menge Leute machten hier Pause und Fotos. Ich war so voller Freude, dass ich beschloss, mich gemütlich auf meine Matte zu setzen, mich auszuruhen und auf Jill, J.J. und Michael zu warten.

Das mit dem gemütlichen Hinsetzen gestaltete sich allerdings schwierig. Ich wollte natürlich im Schatten sitzen, denn hier oben schien die Sonne nun doch heiß herunter. Aber es gab kaum eine ebene Stelle, die im Schatten lag, meine Matte war glatt und ich rutschte dauernd den Berg hinunter, auch meine Sachen kullerten weg! Ich hatte Mühe, alles beieinander zu halten. Schließlich fing ich schallend an zu lachen über die viele Energie und Kraft, die ich vertat, während ich mich eigentlich ausruhen wollte. Endlich fand ich ein einigermaßen rutschsicheres Plätzchen hinter einem Felsen, an den ich mich bequem anlehnen und einen Blick in Richtung Tal werfen konnte. Zwar hingen dort immer noch ein paar Wolken, dennoch war die Aussicht atemberaubend. Mich überkam eine große Freude: Ich war kurz vor der spanischen Grenze! In meiner Euphorie rief ich meinen Sohn an. Er war überrascht und freute sich mit mir. Ich hatte den Eindruck, dass er erst jetzt allmählich begriff, was ich eigentlich tat.

Kurz darauf kamen auch Jill, J.J. und Michael. Sie waren ebenso begeistert, machten Fotos (auch mit mir) und wir liefen fröhlich zusammen weiter. Bald blieb ich aber zurück und war selig, wieder allein zu wandern. Später jedoch holte ich Jill und Michael ein, denn er hatte sich den Fuß verknackst und kam nur noch humpelnd voran. Jill begleitete Michael, während J.J. schon vorausgegangen war. Meine Güte, jetzt schon ein Unfall!! Wie schrecklich. Ich blieb ein Weilchen neben den beiden, aber dann war mein Schritt schneller und ich ging allein weiter. Mittlerweile ging es abwärts.

Mir ging das Gespräch zwischen J.J. und Michael vom vergangenen Abend durch den Kopf. Michael hatte plötzlich die Idee gehabt, die Überquerung der Pyrenäen in seinen Sandalen vorzunehmen und fragte mich, was ich davon hielte. J.J. war ärgerlich und schimpfte, er solle kein Dummkopf sein: „Don't be a fool!"

Ich verstand Michael sehr gut und sagte ihm das auch. Mir war dieser Gedanke ebenfalls schon gekommen, aber ich hielt es für ziemlich anstrengend, wenn er keine ausgesprochenen Wandersandalen hätte und auch für unfallträchtig. Nun trug er seine festen Schuhe, Turnschuhe allerdings, die die Knöchel nicht bedeckten.

●

Dann sah ich das Kloster von Roncesvalles. Groß und dunkel lag es im Tal. Dort unten war es immer noch ein bisschen nebelig, aber es war deutlich zu erkennen. Majestätisch. Es dauerte noch lange, bis ich es endlich erreichte und mir fiel ein, wie *Endrina* und ihre Freunde diesen Weg zurückgelegt hatten. Singend, wie es damals üblich war, hatten sie sich dem Kloster genähert. Plötzlich kam mir ein Polizeiwagen entgegen und ich hatte schon die Hoffnung, er käme, um Michael zu holen, aber das war leider nicht der Fall. Michael musste den ganzen Weg zu Fuß bewältigen. Um etwa halb fünf erreichte ich die Landstraße, die direkt in den Ort führte. Auf der gegenüberliegenden Straßenseite befand sich eine Marienstatue, über und über mit Blumen geschmückt. Daneben war eine Quelle. Ich überquerte die Straße, um meine Wasserflasche aufzufüllen und merkte auf einmal, wie müde ich war. Von hier waren es immer noch gut zwei Kilometer bis in die Stadt und es dauerte länger als eine halbe Stunde bis ich endlich im Touristenbüro stand.

In Roncesvalles war alles vollständig durchorganisiert. Ich wollte in die Klosterherberge, das hatte ich schon zu Hause beschlossen. In dem alten, prächtigen Klostergebäude standen 120 Betten in einem riesigen Raum, der sehr hoch war. Fünf gigantische schmiedeeiserne Kronleuchter hingen von der Decke. Ich konnte mir ein Bett aussuchen und wählte eins oben ... was den freundlichen Hospitalero offensichtlich überraschte. Ich ahnte warum und sollte in Zukunft ein Bett unten, das natürlich viel leichter zu besteigen war, immer vorziehen, aber noch hatte ich genug Kräfte und folgte meiner Vorliebe, oben zu schlafen. Es gab Betten, die einzeln und Betten, die zu zweit dicht nebeneinander standen. Er empfahl mir ein einzelnes, „damit nachher nicht ein Mann neben Ihnen zu liegen kommt". Ein guter Tipp. Später richtete sich unter mir eine junge Frau ein: Maite aus Barcelona. Sie begann in diesem Jahr ihre Pilgerschaft mit einer Woche und wollte dann in den kommenden Jahren jeweils ebenfalls eine Woche weiterwandern, bis sie schließlich Santiago erreichen würde.

Alle hier waren sehr leise. Jeder versuchte, die anderen so wenig wie möglich zu stören. Eine schöne Atmosphäre. Auch unten bei den Toiletten und Duschen (es gab für Männer und Frauen nur jeweils zwei davon), herrschten Freundlichkeit, Geduld und Hilfsbereitschaft. Ich kam kurz mit einer jungen Amerikanerin ins Gespräch. Später kam sie nochmal zu mir, verabschiedete sich und sagte: „It was nice talking to you." –Es war nett, mit Ihnen gesprochen zu haben–. Ja, so sind sie, die Amerikaner, immer besonders freundlich, fast liebevoll. Ich war etwas beschämt. Nie wäre ich auf die Idee gekommen, so etwas zu sagen und dabei spürte ich, wie schön ein solches Verhalten war. Außerdem sahen wir uns wirklich nie wieder, aber mir werden ihre Worte unvergessen bleiben.

Das Abendessen musste man im Gasthof „La Posada" oder im Hotel gegenüber bestellen. Ich entschied mich für die Posada, denn Louis wollte dort hingehen. Er hatte mich, als ich angekommen war, empfangen, mir seine Freundin vorgestellt und wir hatten uns locker zum Abendessen verabredet. Ich ging also in die Posada, musste im voraus bezahlen und bekam ein rosa Gummibändchen wie für ein Baby in die Hand gedrückt. Das war dann später wieder abzugeben und das Zeichen, dass ich bezahlt hatte.

Roncesvalles schien im Wesentlichen aus Klostergebäuden, Museen und der Kathedrale zu bestehen. Da ich die Atmosphäre in Kirchen manchmal angenehm beruhigend finde, ging ich hinein. Die Messe hatte bereits angefangen und der Priester, ein kleiner, sehr strenger Mann, nervte mich derart, dass ich schnell wieder hinausging. Draußen war es herrlich sonnig und warm. Ich setzte mich auf ein Mäuerchen und genoss das Treiben. Es waren viele Leute unterwegs, die meisten Touristen und Pilger.

Nein, ich legte keinen Wert auf den speziellen Pilgersegen. Ich bin schon mit siebzehn aus der Kirche ausgetreten. Damals hatte ich *Erinnerungen an die Zukunft* gelesen, und wenn das Buch auch äußerst umstritten ist, für mich persönlich hatte es eine große Bedeutung. Mir war klar geworden, dass wir Menschen eigentlich gar nichts wissen. Das heißt, alle diese religiösen Gewissheiten sind völlig unbewiesen. Es gibt nicht **die** Wahrheit. Es gibt viele verschiedene Wahrheiten und jeder Einzelne muss für sich herausfinden, was für ihn stimmt. Van Däniken schreibt in seinem Buch von angeblichen Außerirdischen, die die Erde besucht hätten, er führt dazu Beweise an für Landebahnen in Südamerika. All dies könnte sein oder auch nicht. **Wissen** tun wir es jedenfalls nicht. Mir kam von da an die christliche Religion anmaßend vor. Ich komme aus einem protestantisch-freidenkerischen Haus. Als Kind ging ich liebend gerne in den Kindergottesdienst – erst in den evangelischen und anschließend mit einer Freundin in den katholischen!

Als Jugendliche entschied ich, mich konfirmieren zu lassen, obwohl meine Mutter mir das freigestellt hatte, mir sogar eine Feier ausgerichtet hätte ohne Konfirmation, aber das wollte ich nicht. Das wäre mir wie Betrug vorgekommen. Meine drei Geschwister waren zwei Jahre zum „Konfer" gegangen und ihre Fotos zierten das Familienalbum. Ich wollte mein Foto als Vierte hinzukleben, und es sollte auch alles richtig stimmen.

Kurz nachdem mir die großen Zweifel gekommen waren, hatte ich dann noch ein Erlebnis, das zu meinem sofortigen Kirchenaustritt führte: Weihnachten 1968. Mitternachtsmesse in der Gedächtniskirche. Kurz vor Beginn kamen zwei Frauen herein und hatten Plakate mit der Aufschrift „Frieden in Vietnam!" in der Hand. Es gab ein großes Aufsehen währenddessen es Rudi Dutschke schaffte, sich auf die Kanzel zu stellen. Er kam aber gerade einmal dazu, laut „Macht endlich Frieden in Vietnam ...!" zu rufen, als sich die empörten Kirchgänger auf ihn stürzten und von der Kanzel zerrten. Und nun geschah etwas für mich Unglaubliches. Fast alle diese Christen schlugen auf ihn ein, mit Stöcken, Schirmen, bloßen Händen, während sie ihn durch den Mittelgang aus der Kirche trieben! Ich war schockiert und bis ins Mark erschüttert vor Schreck und Empörung.

Dann wurde die Tür verschlossen, niemand kam mehr herein oder hinaus. Der Gottesdienst begann. Ich war völlig fertig, zitterte am ganzen Körper und die Tränen liefen mir übers Gesicht. Am liebsten hätte ich laut geschrien, aber meine Freundin hielt mich zurück und flehte die ganze Zeit: „Beruhige dich doch! Hör auf! Du kannst doch nichts machen!" Und ich machte nichts, außer dass ich das soeben Vorgefallene auf das Blättchen schrieb, worauf der Verlauf des Gottesdienstes gedruckt war. Das Schlimmste von allem war, dass der Pfarrer den Vorfall mit keinem Wort erwähnte. Der Gottesdienst wurde abgehalten, nach Plan, so als wäre nichts geschehen. Und dass er am Ende dann doch noch den Krieg in Vietnam erwähnte und Frieden herbeiwünschte, machte es nicht besser. Ich verließ völlig erschöpft die Kirche, mir war übel, ich hatte Kopfschmerzen und ich wusste genau: Das war's. Ich würde aus der Kirche austreten. Zu dieser heuchlerischen Gemeinschaft, die sich Christen nennen, wollte ich nicht mehr gehören. Und so geschah es:
Ich wurde konfessionslos.

Später studierte ich Religionswissenschaft, eine Wissenschaft, die im 19. Jahrhundert von abtrünnigen Theologen gegründet worden war, die sich auf wissenschaftliche Weise mit den verschiedenen Religionen beschäftigen wollten. Es gibt viele hundert Religionen auf dieser Welt und ein faszinierendes Panoptikum von Glaubens- und Gottesvorstellungen. Ein Professor sagte einmal, dass Intoleranz zum Charakter aller Religionen gehöre. Ich jedenfalls stellte fest, dass Angst in allen Religionen eine mehr oder weniger große Rolle spielt. Wovor haben all diese frommen Menschen Angst? Was nutzt ihnen ihr Glaube an Gott, wenn sie ihm nicht einmal so viel Vertrauen entgegenbringen können, dass er sie liebt und so annimmt wie sie sind? Stattdessen leben sie ständig in Angst. Vor der Verdammnis, vor Menschen, die etwas anderes oder gar nicht an Gott glauben. Besonders die Vertreter monotheistischer Religionen setzen Angst oft ganz bewusst ein. Darüber hinaus sollen sich die Menschen als unwert oder per se als sündig erkennen und immerfort um Gnade und Erbarmen bitten. Grauenhaft.

Ich glaube an den Menschen.
An die Kraft jedes Einzelnen, an die Solidarität untereinander, und niemand hat das Recht, anderen etwas vorzuschreiben oder einzureden, sie seien Nichts oder von Geburt an sündig.

Dermaßen in Gedanken versunken überraschte mich Louis, der plötzlich vor mir stand und mich zum Abendessen abholte. Es war ein gutes Essen und an großen runden Tischen mit etwa 15 Personen ein nettes gemeinschaftliches Erlebnis. Anschließend ging ich recht bald in die Herberge. Ich war todmüde und schlief sofort ein. Als die

Tür um 22 Uhr verschlossen und kurz darauf das Licht herunter-
gefahren wurde, erwachte ich. Mein Hut! Ich hatte meinen Sonnenhut
im Restaurant liegen gelassen. Neeiiiiiin!!!! Stocksteif, wie gelähmt
lag ich da. Wenn ich jetzt sofort hochspringen würde, ließe man mich
vielleicht noch einmal kurz hinausgehen, aber ich hatte ja nichts
Richtiges an. Ich hätte erst hinunterklettern müssen, mich schnell
anziehen ... viel zu viel Zeitverlust. Am liebsten hätte ich geschrien.
Ich war total außer mir und lag da oben in meinem Bett und konnte
nichts tun, nichts sagen. Die Tür war zu, das Licht aus – bis auf ein
Notlicht natürlich, damit man auf die Toilette finden konnte und
zurück. Ach, es war furchtbar. Mein Hut. Ohne ihn konnte ich nicht
weiterlaufen. Und morgen früh? Die Posada musste doch geöffnet
sein. Ja, ja, Evelin, natürlich, sie war doch auch ein Hotel. Aber das
Restaurant? Das nicht unbedingt. Dann wirst du eben warten
müssen. Warten!? Wie lange denn? Bis acht? Bis zehn? Ich wollte
doch ganz früh, bei Sonnenaufgang los. Morgen lagen noch einmal
22 Kilometer vor mir. Morgen sollte es doch eigentlich richtig
losgehen. Was mach' ich nur?!! Panik, Terror, ich war wie durchgedreht. Ich sagte mir immer und immer wieder: „Beruhige dich,
schlafe jetzt, du kannst sowieso nichts machen, dann gehst du
morgen eben später los, kein Problem." ... Aber da war nichts zu
machen, in meinem Kopf wirbelte es durcheinander und ich schlief
um viertel nach zwei immer noch nicht.

5. Tag
Sonntag, 26. Juni 2005
Roncesvalles → Zubiri   **21 km**

Dann bin ich wohl doch noch eingeschlafen. Um kurz nach fünf
wachte ich aber wieder auf. „Kruschpa, Kruschpa" hörte ich die anderen mit ihren Plastiktüten knistern und war hellwach: „MEIN HUT!" Ich
stand auf. Um viertel nach sechs war ich fertig und startbereit, aber
ich konnte nicht los. Das Restaurant würde erst um 8.30 Uhr öffnen.
Der Hospitalero redete auf mich ein: „Vergiss den Hut. Der Weg lehrt
uns, die Dinge, die wir wichtig finden, nicht so wichtig zu nehmen.
Lass ihn los. Hier hast du einen anderen", und er schenkte mir einen
Sonnenhut aus Stoff. Ich wusste: scheußlich sah ich aus in solch
einem Hut. Aber das war gar nicht der Punkt. Der Punkt war, dass ich
ohne meinen Strohhut die Wanderung nicht fortsetzen wollte. Wäre
ich bereits irgendwo in der Mitte gewesen oder gar am Ende, dann
wäre es egal, aber ich hatte doch noch gar nicht richtig angefangen:
„Nein, ohne meinen Hut gehe ich nicht." Ich machte ein riesiges
Theater.

Louis versicherte mir, er würde nach dem Hut fragen und ihn mir schicken. Lieber, freundlicher Louis, darum ging es doch gar nicht. Ich glaube, alle, die mich hier erlebten, dachten, ich sei eine komplett durchgeknallte Irre. So fühlte ich mich auch. Jill nahm mich in den Arm, ich wimmerte nur rum. Furchtbar. Warum musste ich solch ein Theater machen? Wieso konnte ich nicht gelassen bleiben und mir sagen: „Ich bleibe hier, gehe jetzt erst mal in Ruhe frühstücken und wenn ich meinen Hut dann habe, komme ich nach"? Stattdessen fühlte ich mich vollkommen verwirrt, und wie ein aufgescheuchtes Huhn rannte ich umher und heulte herum. Später gestand Jill mir, dass sie gedacht hatte, ich würde es nie bis nach Santiago schaffen.

Schließlich aber, als alle fort waren, ging ich ins Restaurant des Hotels. Es war voll dort, angenehm warm, und endlich überkam mich Ruhe. Alle hier frühstückten. Keiner war in Hektik. Es duftete nach Kaffee. Croissants und Madalenas standen appetitlich auf der Theke. **Madalenas** sind kleine helle Küchlein, die in Spanien zum Frühstück typisch sind. Hier drinnen ging es nur darum, gemütlich zu frühstücken und ich wurde ganz still. Dort saß auch Maite. Kurz, und nun völlig undramatisch, erzählte ich ihr von meinem Hut und dass ich noch warten müsste. Wir frühstückten gemeinsam und alles war ganz entspannt. Schnell war die Zeit vergangen und ich machte mich auf den Weg in die Posada.

Draußen vor der Tür saßen ein paar Jugendliche in der Sonne und tranken Bier. Eine junge Spanierin fragte mich etwas provokativ: „Warum wollen Sie denn unbedingt diesen weiten Weg zu Fuß gehen?" So direkt hatte mich noch niemand nach meiner Motivation gefragt und ich spürte, wie ich anfing zu schwitzen. „Ich weiß es nicht", antwortete ich und war selbst überrascht. Ich erzählte ihr von *Endrina und das Geheimnis des Pilgers* und sie reagierte irritiert: „Wegen eines Buches laufen Sie diesen Weg?!" – „Ja", war meine Antwort, „ich kann es nicht anders erklären. Das Buch hat mich so fasziniert, dass ich den Weg nun selbst gehen möchte. Etwas anderes kann ich nicht antworten." Sie war verblüfft. Und ich auch.

Warum wollte ich nach Santiago laufen? Ich bin nicht religiös und ich hatte keinerlei Erwartung an den Weg außer die atemberaubende Tatsache, dass ich fast 800 Kilometer zu Fuß zurücklegen wollte, durch ein Land, das mich schon seit Jahren fasziniert, dessen Sprache ich spreche und dessen Menschen ich liebe. Auf einem Weg, der allerdings nicht einfach irgendein Weg ist. Er wird auch *Sternenweg* genannt, weil er parallel zur Milchstraße verläuft, und schon lange vor dem Christentum war er ein alter Pilgerweg der Kelten. Er ist also ein ganz besonderer Weg. Viele tausende von Menschen sind diesen Weg gelaufen und das schon seit vielen Jahrhunderten – berühmte Menschen und ganz normale Menschen. Er besitzt ohne Zweifel eine gewisse Magie.

Karl der Große soll ihn gelaufen sein. Merkwürdigerweise habe ich oft gerade an ihn denken müssen, wenn ich mich besonders erschöpft fühlte. Dabei gehört seine Pilgerschaft nach Santiago eher in den Bereich der Legende. Belegt ist lediglich, dass er im Jahre 778 auf dem Rückweg seines Spanienfeldzuges gegen die Mauren hier in Roncesvalles vorbei gekommen ist und dass seine Nachhut von Basken überfallen wurde. Karls treuer Lehnsmann Graf Roland fand dabei den Tod und das berühmte Rolandslied aus dem 12. Jahrhundert haben wir seinem heldenhaften Kampf zu verdanken.

Viele Könige und Päpste sind den Jakobsweg gelaufen, der Schriftsteller Paulo Coelho lief ihn und Shirley MacLaine, deren Buch ich mit viel Vergnügen gelesen habe. Nun, auf jeden Fall wollte ich ihn jetzt auch laufen. Ich verabschiedete mich und die junge Frau wünschte mir viel Glück.

In der Posada und im Restaurant von gestern Abend regte sich Leben. Es war zwar immer noch geschlossen, doch ich sah eine Frau hinter der Theke hantieren, und so rief und klopfte ich, bis sie mir öffnete. „Ein Hut? Nein, hier wurde nichts gefunden." Ich bat sie, mich in den Speiseraum zu lassen um selbst nachzusehen. Er *musste* dort sein. Unter dem Tisch, wo ich ihn hingelegt hatte, war er nicht mehr. Auch sonst war er auf Anhieb nicht zu sehen. Dann entdeckte ich ihn in einer Fensterecke auf einem Tellerstapel. Wie unsinnig!!! Jetzt war ich ärgerlich. Der- oder diejenige wusste doch, dass eine Pilgerin ihn hier liegengelassen hatte, wie konnte sie ihn einfach in eine Ecke legen, wo man ihn gar nicht sah? Hätte sie ihn nicht kurz hinüberbringen können? Alle wussten doch, wo wir schlafen. Nun beschäftigten mich diese Gedanken wieder vollkommen und ich wanderte los – einerseits glücklich und erleichtert, endlich mit meinem Hut, mit meiner Sonnenbrille, mit allen meinen Sachen auf dem Weg zu sein. Es war herrliches Wetter, noch nicht zu warm, die Sonne schien, der Himmel war blau, der Weg lag kühl im Schatten, ich fühlte mich frisch und munter. Andererseits herrschte in meinem Kopf erneut Aufruhr, und ich konnte ihn nicht loslassen, jedenfalls für eine sehr lange Zeit nicht. So kam es, dass ich das berühmte mittelalterliche Pilgerkreuz kurz nach dem Ortsausgang überhaupt nicht sah.

●

Der Weg nach Zubiri war hart. Er war für mich der härteste Weg der 665 Kilometer, die ich insgesamt gelaufen bin. Er fing ganz harmlos an, doch dann ging es hoch und runter und hoch und runter und runter und runter und runter. Unaufhörlich bergab. Und die versprochene Quelle mit frischem Wasser auf den letzten fünf Kilometern gab es nicht. Später erfuhr ich, dass es allen anderen genau so ergangen war. Viele hatten sich auf diesem Weg sogar eine Sehnenentzündung zugezogen. Die meisten hatten sich auf die Quelle verlassen und waren am Schluss mehrere Stunden ohne Wasser gewesen.

Eine kleine Weile wanderte ich zusammen mit einem älteren deutschen Ehepaar. Ihnen ging es auch nicht gut, denn der Weg war steinig und wirklich anstrengend zu gehen. Allerdings hatten sie noch genug Wasser und jeder trug nur einen kleinen Tagesrucksack, denn sie machten den Camino organisiert. Das hieß, sie ließen sich ihr Gepäck von Hotel zu Hotel transportieren und hatten es so natürlich viel leichter. Ich traf später eine etwa 30-jährige Holländerin, die den Weg auch auf diese Weise lief. Es ist einfacher, aber alles in allem auch einsamer, denn die Leute im Hotel sind mehr für sich und es ergibt sich selten ein Gespräch, nicht mal beim Essen, weil es keine gemeinsamen Mahlzeiten gibt. Jeder ist frei zu tun was er möchte. Das ist natürlich angenehm, aber dennoch schade. Auch die Fahrradfahrer berichteten ähnliches: Untereinander ergaben sich kaum Gespräche oder Kontakte. Bei den organisierten Reisen kommt noch ein Umstand hinzu: Man **muss** bis zum vorgeplanten Ort laufen, denn das Gepäck ist dort. Spontane Umentscheidungen sind nicht möglich.

In Zubiri kam ich halbtot an. Mein Wasser war aufgebraucht und ich am Ende meiner Kräfte. Ich lief weiter dem Pfeil nach, der links den Berg hinaufzeigte, konnte aber nach ein paar Schritten nicht mehr und blieb im nächsten kleinen Schatten stehen, um mich zu erholen. Da kam eine andere Pilgerin – Pilar aus Barcelona – an mir vorbei und kurze Zeit später wieder von oben zurück. „Da oben gibt es keine Herberge, da geht der Weg weiter!" Gott sei Dank hatte ich mich nicht hinaufgequält. Also die paar Schritte bis zum Pfeil wieder zurück und dann über die Brücke in den Ort hinein. Hier kam uns ein Vater mit seinem kleinen Sohn völlig erschöpft entgegen: „Es gibt keine Betten mehr", keuchte er, „wir gehen weiter".

Das konnte nicht sein. Nein, das war ein Irrtum. Wir liefen weiter, da sahen wir die Herberge, aber es musste eine private sein, denn nach unserer Beschreibung, befand sich die staatliche Herberge rechts die Landstraße hinunter, fast am Ende des Ortes. Egal. Ich klopfte hier erst einmal und würde auch bleiben, wenn es ging. Pilar ging weiter.

Drinnen saßen Leute, aber keiner rührte sich. Es sah aus wie ein Laden – eine Tür (abgeschlossen) und daneben ein Schaufenster. Keiner reagierte auf mein Klopfen. „Bitte, machen Sie mir auf!" „Es gibt keine Betten mehr, es ist voll." „Egal," rief ich weiter, denn ich war inzwischen ziemlich verzweifelt, „ich brauche unbedingt Wasser!" Schließlich, nach einer ganzen Weile, erbarmte sich eine Frau und öffnete die Tür. Ich dankte, schoss an ihr vorbei in die Ecke, wo eine

Spüle stand und füllte meine Flasche. Dann setzte ich mich mit zittrigen Knien hin und trank. Nach ein paar Minuten füllte ich meine Flasche erneut, bedankte mich noch einmal und verließ diesen merkwürdigen Ort, wo keiner sprach, es stickig heiß und eigentümlich unwirklich war.

Wenigstens etwas erfrischt ging ich weiter. Von weitem sah ich Pilar mit einem Paar und drei Kindern in die staatliche Herberge gehen. Als ich ankam, sah ich erstmal nur Jill, die mir mit frohem Lächeln und ausgebreiteten Armen entgegen kam. Glücklich wie im Paradies ließ ich mich in ihre Arme fallen.

Ja, ich hatte es geschafft – mit Hut! Aber hier drinnen war kein Bett mehr frei. Jill flüsterte mir etwas zu, nahm mich am Arm und führte mich nach nebenan. Dort gab es einen weiteren Schlafraum. Der war voller Menschen, doch es gab noch zwei leere Betten! Oben. Ich war erledigt. Allein stand ich vor meinem Bett, vor dieser Leiter und hatte das Gefühl, alle Augen seien auf mich gerichtet. Ich stand da und war kurz davor loszuheulen. Wie sollte ich hinaufkommen? Ich hatte überhaupt keine Kraft mehr, doch dann nahm ich alle Energie zusammen und hievte mich hoch.

Als ich endlich oben saß, kam Jill mit einem Mann zurück. Ob ich wohl mein Bett tauschen würde? Einen ganz kurzen Moment wollte ich „NEIN!" schreien, denn der Gedanke, jetzt hier wieder runterklettern zu müssen, erschien mir fast unerträglich. Aber vielleicht könnte ich ja in ein unteres Bett? Also sagte ich: „Ja, natürlich, aber bitte ein Bett **unten**." „Sí, sí, kein Problem." Oh ich hätte sie alle küssen mögen! Also kletterte ich hinunter – die Tatsache, dass ich nicht noch mal hinauf und hinunter und hinauf und nachts vielleicht noch mal hinunter und hinauf musste, verlieh mir Flügel. Ich tauschte. Paco und seine Frau Inés waren mit ihren drei Kindern unterwegs, drüben gab es nur noch vier Betten. Einer hätte nun allein in diesem Raum hier schlafen müssen. Paco wollte aber gerne mit einem seiner Söhne zusammen bleiben, schon damit Inés nicht alle drei Kinder um sich hatte. Ich glaube, sie hatten ursprünglich geplant, dass einer mit dem Jüngsten ein Bett teilt und es war nur Jills Initiative zu verdanken, dass es zu diesem Tausch gekommen war. Was für ein Superglück für mich. Aber Paco und Inés sahen das anders, sie waren so glücklich, dass ich getauscht hatte, dass sie mich später zum Abendessen einluden. – Was war eigentlich mit Pilar? Warum war sie nicht in den anderen Raum gegangen und hatte den fünfen ihr Bett überlassen????

Nun war ich wieder nahe bei Jill, J.J. und Michael und voller Freude umarmte ich noch einmal alle drei. Michaels Knöchel sah nicht gut aus, aber er hielt sich tapfer. Ich hatte ein wenig das Empfinden, er brauchte das: Er brauchte das Gefühl, für ihn sei der Camino besonders schwer, schwerer als für alle anderen...

In dieser Herberge kam abends die Hospitalera und kassierte jedes Bett ab. Bis dahin organisierten sich die Pilger selbst und das klappte reibungslos.

Nach dem Duschen lernte ich Isabel kennen. Sie kam aus Madrid und hatte sich genau wie ich die Haare auf zwei Millimeter abgeschoren. Ihr Haar war dunkel und wir beiden sahen aus wie sehr ungleiche Nonnen-Schwestern. Isabel war mit ihrem Freund Ramón und mit dessen 16-jährigem Sohn Pedro unterwegs. Wir waren uns auf Anhieb sympathisch und hofften, uns noch einmal zu treffen und uns näher kennen zu lernen. Allerdings hatte sie eine schnellere Gangart vor und so tauschten wir unsere Adressen aus und versprachen, uns auf jeden Fall von zu Hause aus zu melden.

Abends ging ich wie geplant mit Paco, Inés und den drei Kindern essen. Sie wollten den Weg auch in Etappen gehen und in diesem Jahr würden sie bis Burgos pilgern. Ein paar Meter hinter der Herberge gab es ein Schwimmbad! Welche Wonne wäre es gewesen, nach diesem anstrengenden Tag ein paar Runden zu schwimmen. Schade, sehr schade, dass ich es nicht früher entdeckt hatte. – Tatsächlich gab es in fast jedem Ort ein öffentliches Schwimmbad und der Eintritt war immer günstig.

Nach dem Essen machte ich noch allein einen kleinen Abendspaziergang. Zubiri liegt wunderschön in einem tiefen Tal. Die malerische, alte gotische Brücke am Ortseingang heißt **Puente de la Rabia** –*Tollwutbrücke*–, weil man im Mittelalter glaubte, Tollwütige, die über diese Brücke gingen, würden augenblicklich geheilt. Hier würde es morgen früh weitergehen. Jetzt machte die abendliche Ruhe meinen Kopf klar und auf einmal wusste ich, dass es manchmal eben doch wichtig war, auf etwas zu warten oder noch einmal zurückzugehen. Es gibt Dinge, die wichtig genug sind, um Pläne zu ändern. Diese Erkenntnis erklärte mir nun auch mein morgendliches Theater. Ich war in einen Konflikt geraten zwischen dem, was ich tun wollte und dem, was die Situation erforderte. Mein Plan war durchkreuzt worden, vor allem mein Zeitplan. Dann fiel mir der kleine Satz des zweiten Hospitalero in Roncesvalles ein – er hatte ihn zwischen all dem Trubel und meinen Tränen ganz still und lächelnd gesagt: „Es tu amigo." Ja, der Hut war so etwas wie ein Freund geworden und Freunde lässt man nicht einfach zurück.

„Wenn die Dinge nicht so laufen, wie du es dir vorstellst, dann stell' dir etwas anderes vor."

(Polynesische Lebensweisheit)

6. Tag
Montag, 27. Juni 2005
Zubiri → Pamplona   **20 km**

An diesem Morgen hatte ich eine heftige Durchfall-Attacke. Es war furchtbar. Zum Glück war ich schon fast auf dem Klo. Dennoch, ich musste mich ausziehen, mich waschen ... wie durch ein Wunder war ich allein. Erst ganz am Schluss kam eine Frau herein – es war Pilar. Ich bat sie, einen Augenblick zu warten und machte schnell das Waschbecken noch ordentlich sauber. Sehr früh verließ ich dann die Herberge.

Nachdem ich hinter der alten Brücke den steilen Berg erklommen hatte, an dessen Fuß ich am Tag zuvor erschöpft stehen geblieben war, öffnete sich die Landschaft zu einer schönen, locker bewaldeten Ebene und gab den Blick frei bis zum Horizont. Der Himmel war wolkenlos blau und die Luft hier oben klar und noch herrlich frisch. Leider führte der Weg dann bald durch das trostlose Gebiet einer stillgelegten Magnesitfabrik, die alles völlig verwüstet und in eine graue Mondlandschaft verwandelt hatte.

Meine Schritte waren langsam, aber das machte mir nichts aus. Ich hatte inzwischen herausgefunden, dass ich anfangs immer recht energiegeladen loslief und mich nach sehr kurzer Zeit bereits entkräftet fühlte. Wenn ich dann langsam, ganz langsam weiterging, immer weiter, dann kam nach einer Stunde oder zwei meine Energie wieder zurück, und es ging ab der dritten Stunde schneller und besser voran.

Nachdem der Weg lange in der prallen Sonne gelegen hatte, führte er in ein Wäldchen. Die Dunkelheit und die Stille waren über-wältigend und dann stand da eine riesige Kuhherde! Mitten im Wald. Ich war von ihnen nur durch einen sehr niedrigen Drahtzaun getrennt. Sie starrten mich an. Ich war wie verzaubert. Es waren herrliche beigefarbene Tiere.

Später überholte mich ein Paar, wir grüßten uns und sie fragten, ob es mir nicht gut ginge. „Doch, doch, mir geht es ausgezeichnet, ich bin einfach nur extrem langsam." Nach einem kurzen Gespräch gingen sie weiter. Bald darauf überkam mich ein Energieschub und ich lief schneller und kraftvoller. Ich holte die beiden sogar ein und wir liefen ein paar Stunden zusammen. In Irotz machten Laura, Felix und ich eine Pause. Es gab hier ein großes Gartenrestaurant, aber das hatte leider noch geschlossen und wir durften uns dort nicht hinsetzen. Kurzerhand suchten wir uns einen Platz mit schönem Ausblick, setzten uns einfach auf die Erde und packten unseren Proviant aus. Die beiden kamen aus Barcelona und wollten wie ich bis nach Santiago. Auch sie waren von den Kühen im Wald fasziniert gewesen und versprachen, mir ein Foto zu schicken. Von Laura

lernte ich, bergab im Zick-Zack-Schritt zu gehen, was äußerst knie-
schonend war. Kurz vor Trinidad de Arre machten wir an einer Quelle
erneut eine Pause und Felix bemerkte, dass er seine Sonnenbrille
verloren hatte. Wir warteten daher eine ziemlich lange Zeit in der
Hoffnung, dass irgendeiner der Pilger nach uns die Brille gefunden
und mitgenommen hatte. Felix fragte jeden, der an der Quelle
vorbeikam und siehe da, einer hatte sie. Welche Freude! Er hatte sie
in Irotz mitten auf der Straße liegen gelassen.

Nach dieser langen Pause wanderte ich wieder allein weiter. Die
beiden hatten doch mehr Kraft und den schnelleren Schritt. Ich
genoss es auch, wieder allein zu sein. Kurz vor Villava machte ich
noch einmal eine Rast direkt mit Blick auf ein Elektrizitätswerk, das
mir merkwürdigerweise überhaupt nicht hässlich erschien, sondern im
Gegenteil überaus schön und wie mit einem besonderen Glanz über-
zogen. Diese Art von „Erscheinung" hatte ich im Verlauf meiner
Wanderung sehr oft. Ich weiß nicht, ob es die Hitze war oder meine
Erschöpfung, auf jeden Fall änderte sich meine Wahrnehmung und
alles erschien mir wunderschön und hatte diesen besonderen Glanz
oder Schimmer.

●

Dann lief ich das erste Mal in eine falsche Richtung. Zwei Straßen-
bauarbeiter schauten mich zwar etwas eigenartig an, sagten aber
nichts. Erst später kam mir eine Frau entgegen und fragte, wohin ich
wolle. Nun stellte sich heraus, dass ich wieder zurück (!) musste.

Der Weg hinein nach Villava führte über eine malerische romanische Brücke und war atemberaubend schön. Durch die Nähe des
Wassers grünte und blühte hier alles außerordentlich üppig. Auf der
anderen Seite des Flusses, direkt am Ufer, lag die kirchliche Herberge. Sie sah aus wie aus einer anderen Zeit und ich wäre gern
geblieben, aber es war zu früh. Die Herberge hatte noch nicht geöffnet, und irgendetwas in mir sagte ständig: Pamplona, Pamplona. Also
ging ich weiter. Ich traf eine Gruppe, die aus mehreren Familien
bestand und die ich schon ein paar Mal gesehen hatte. Einer der
Väter sagte mir, sie würden von hier aus mit dem Stadtbus nach
Pamplona hineinfahren. Der Weg in die Stadt sei hässlich und führe
ewig lang durch die Vorstädte. Ich beschloss, es ihnen gleich zu tun.
Es war brütend heiß und ich war schon ziemlich erschöpft. Aber
zunächst lechzte ich nach einer Pause. Die nächste Bar war meine.
Das war in gewisser Weise ein Fehler. Hier traf ich sie zwar alle,
alle wieder: Jill, J.J., Michael, Maite (die ich gerne nach ihrer Adresse
gefragt hätte) und und und, aber diese Bar war die schlechteste aller

Bars auf dem ganzen Camino – und die teuerste. Es war die absolute Pilger-Abzocke. Die Besitzer nutzten ihre Lage in unverschämter Weise aus. Die Tortilla, die man mir vorsetzte, war bestimmt schon zwei Wochen alt. Ich wies sie zurück und erklärte, so eine trockene Tortilla wäre mir in meinem Leben noch nicht untergekommen. Alles andere, was noch in der Glasvitrine angeboten wurde, sah ebenfalls wenig appetitlich, geschweige denn frisch aus.

Ich fragte, ob es vielleicht möglich sei, mir eine kleine Käse-Tortilla zuzubereiten. Das war es. Die Sandwiches, die sie einigen Pilgerrinnen verkauften, waren dünn belegt und sahen auch abscheulich trocken aus. Obendrein verlangten sie eine Menge Geld für alles. Ich musste für meine Tortilla 3,50 Euro zahlen, und dabei bestand sie nur aus einem einzigen Ei und etwas ekligem Schmelzkäse, was allein schon ein Grund zu einer erneuten Reklamation gewesen wäre, denn normalerweise wird eine Käse-Tortilla mit Manchego zubereitet, dem allgemein bekanntesten und schmackhaften spanischen Bauernkäse. – Zu allem Überfluss befand sich im Toilettenbecken dieser Bar ein Spinnen-Tatoo: Wie absolut widerwärtig.

Maite überlegte kurz, eventuell auch zu fahren, entschied sich aber zu laufen. Jill, J.J. und Michael wollten davon gar nichts wissen. Also suchte ich den Bus nach Pamplona allein. Ich fand ihn und war selig, als ich im klimatisierten Inneren saß. Allerdings bekam ich nach wenigen Minuten einen fürchterlichen Schweißausbruch. Das passiert mir oft in klimatisierten Räumen. Dennoch durchfuhr ich die Vorstadtbezirke vollkommen glücklich. Die Scheiben des Busses waren dunkel getönt und es war wie ein Traum, plötzlich zu fahren und nach etwa zwanzig Minuten bereits mitten in Pamplona auszusteigen.

Es gestaltete sich dann etwas schwierig, die Herberge zu finden, denn dort, wo ich den Bus verließ, gab es keine gelben Pfeile! Und ohne gelbe Pfeile war ich völlig orientierungslos... Dann stellte sich heraus, dass die Herberge umgezogen war und niemand so recht die neue Adresse kannte. Schließlich aber fand ich sie. Die Tür wurde mir von einer sehr kleinen Nonne geöffnet, die mich freundlich anlächelte und „Entra, entra" –Herein, herein– sagte. Diese herzliche Begrüßung rührte mich zu Tränen. Ich musste an mich halten, um ihr nicht schluchzend um den Hals zu fallen.

Die Herberge war enorm groß mit vielen Räumen und Betten, die auch überall in den Fluren verteilt standen. Ich fand ein Bett, unten (!), in einem Raum, der einigermaßen luftig wirkte und war zu erschöpft, um noch zu duschen. Ich legte mich auf mein Tuch, deckte mich mit dem Schlafsack locker zu und schlief so wie ich war auf der Stelle ein. Ich hatte den Franzosen mit dem 3-Kilo-Rucksack wohl bemerkt, gegrüßt, aber nicht weiter beachtet. Als ich später erwachte und ihn so richtig wahrnahm, hatte ich das Gefühl, er starrte dauernd zu mir herüber. In dem Bett neben mir lag ein Mann, der mir auch irgendwie merkwürdig erschien ... vielleicht war ich auch nur überanstrengt. Als ich jedoch auf meinem Weg in die Dusche Jill, J.J. und Michael traf, die sich im Flur, in einer Vierer-Ecke direkt vor den Duschen niedergelassen hatten und bei denen das vierte Bett noch frei war, zog ich sofort dorthin – obwohl es ein Bett oben war. Es war toll, wieder mit den dreien zusammen zu sein. Ich fühlte mich mit ihnen vollkommen sicher und wohl. Michael vermisste sein großes blaues Mikrofaser-Handtuch, irgendjemand hatte es vertauscht und er hoffte, ich sei es gewesen. Aber leider, leider... J.J. meinte, heute Abend müssten wir unbedingt endlich wieder einmal alle zusammen essen und wollte sich für sechs Uhr verabreden, aber das war mir zu früh. „Wir sind in Spanien. Hier isst man frühestens um acht." Das war ihnen zu spät. Also gingen wir getrennte Wege.

Pilar war auch hier und wir plauderten miteinander. Sie war mir wirklich sympathisch und wir verabredeten, uns in Puente la Reina zu treffen, wo sie zwei Nächte in der Wohnung eines Freundes verbringen wollte. Ich fand es schön, eine Verabredung für Puente la Reina zu haben. Dieser Ort, der durch die Lektüre von *Endrina* zu etwas ganz Besonderem für mich geworden war, und wo ich meinen ersten Ruhetag einlegen würde.

In Puente la Reina vereinigten sich bereits damals die verschiedenen Pilgerwege, die von den unterschiedlichsten europäischen Ländern kommend die Pyrenäen an verschiedenen Stellen überqueren und hier zum so genannten Französischen Weg zusammenfinden. Pilger aus Frankreich, England, Flandern, Griechenland, Deutschland, Norwegen, Russland, Armenien, Ungarn, Bulgarien ... trafen sich hier und wurden von Händlern, Pensionswirten, Geldwechslern und Sattlern empfangen, die ihnen ihre Waren oder Dienste anboten. Der Ort war reich und voller Leben. Für alle, die nicht aus Pamplona gekommen waren, war dies auch die erste größere Ortschaft. Es wurde gefeiert, gesungen, und man tauschte nicht nur Geld, sondern auch Informationen aus. *Endrina* erfuhr hier von dem kastilischen König Alfons VIII., der sich in die schöne jüdische Rachel verliebt hatte. Ein Ereignis, das das damalige christliche Spanien tief bewegte und über das Lion Feuchtwager Jahrhunderte später seinen berühmten Roman *Die Jüdin von Toledo* schrieb.

Pamplona, die Hauptstadt Navarras, war prächtig. Ich aß ein paar exquisite Tapas in einem teuren Café und genoss den Luxus. ***Tapas*** sind kleine Portionen verschiedener Gerichte, angefangen bei einem Tellerchen mit Oliven über Kartoffelsalat, Fleischbällchen, gebratene Scampis bis hin zu belegten kleinen Brotschnitten.

Ich machte mich auf die Suche nach dem Buch *Endrina und das Geheimnis des Pilgers,* konnte es aber in keinem Buchladen finden. Später setzte ich mich auf die Plaza del Castillo und trank einen Getreidekaffee. Ich hatte mir speziell dafür **Caro** mitgenommen. In Spanien gibt es ebenfalls Caro – allerdings heißt er hier **Eco**, was soviel bedeutet wie „preiswert"; das Wort „caro" dagegen bedeutet im Spanischen „teuer"! Es ist jedoch nicht üblich, Eco in einem Café oder einer Bar zu erhalten. Daher bestellte ich mir immer eine heiße Milch und mischte dann meinen Caro selbst hinein, machte mir aber zum Sport, überall zunächst nach Eco zu fragen und ganz erstaunt zu tun, wenn man bedauerte, ihn nicht anzubieten. Vielleicht hilft es ja. In Berlin bekommt man Caro inzwischen erfreulicherweise fast überall und auf jede Machart – als Milchkaffee, als Cappuccino usw.

●

Eigentlich hatte ich nicht nach Pamplona kommen wollen; denn mit dieser Stadt verbindet mich eine negative Erinnerung. Hier war ich nämlich schon einmal – einen Tag und eine Nacht an **San Fermín** 1982. An diesen speziellen Festtagen werden durch Pamplona Stiere getrieben und junge Männer laufen vor ihnen her.

Die Strecke ist etwa 820 Meter lang und führt hauptsächlich durch die Altstadt. Ein Stier wiegt ungefähr 600 Kilo und erreicht während des Eintreibens eine Geschwindigkeit von bis zu 25 Stundenkilometer. Begleitet werden die Stiere von einigen Ochsen, die beruhigend auf sie wirken sollen und eine Leitfunktion während des **Eintreibens** haben. Dieser so genannte **Encierro** findet täglich zwischen dem 7. und 14. Juli um acht Uhr statt und dauert wenn alles gut geht knapp drei Minuten. Die Stiere werden auf die Strecke gelassen und in Richtung Plaza de Toros getrieben. Das Ziel der Teilnehmer ist es, möglichst knapp vor einem Stier herzulaufen. Aufgrund der hohen Geschwindigkeit ist dies jedoch nur für ein- bis zweihundert Meter möglich.

Für mich war das Ganze damals ein Albtraum. Ich verstand den Sinn dieser Aktion überhaupt nicht. Mir taten die völlig verängstigten Tiere Leid, die verstört durch einen kleinen Brettergang rasten, und die jungen Männer hielt ich schlicht für Verrückte.

Vor allem aber ging es mir schlecht, weil die Beziehung zu meinem damaligen Freund, mit dem zusammen ich dort war, in einer Krise steckte und wir uns in dieser Nacht aus den Augen verloren. Völlig allein, hundemüde sowie ohne Geld und Orientierung lief ich am nächsten Tag stundenlang durch diese von betrunkenen Menschen wimmelnde Stadt. Schließlich rettete ich mich auf den Bahnhof und saß dort apathisch herum, bis mein Freund mich gegen Abend fand...

Kerry (die Irin) hatte mir aber geraten, unbedingt nach Pamplona zu gehen. Pamplona sei ein „magischer Ort", und es gäbe dort einen ganz besonderen Priester, den ich auf jeden Fall kennenlernen müsste. Ich beschloss, ihrem Rat zu folgen, allerdings nicht wegen des Priesters oder der Magie, sondern um Pamplona neu für mich zu entdecken und diesen Albtraum der Erinnerung von mir zu nehmen.

Nun saß ich hier auf der prächtigen Plaza del Castillo, ganz gewiss der Platz, auf dem wir damals übernachtet hatten, und Pamplona hatte nicht mehr die geringste Ähnlichkeit mit jener lärmenden, nach Alkohol stinkenden Hölle. Sie war eine schöne alte Stadt mit freundlichen Menschen, netten Cafés und prachtvollen historischen Gebäuden. Ich war versöhnt.

Der Weg heute hierher war ebenfalls faszinierend gewesen. Alles erschien wie „vergoldet", sogar das Elektrizitätswerk und die Vorstadtbezirke. Ich habe den „very special" Priester, von dem Kerry mir erzählt hatte, nicht getroffen. Vielleicht war es der scheu wirkende freundliche Mann unten am Empfang am nächsten Morgen, als ich die Herberge wieder verließ?

Leider vergaß ich, mir den Pilgerspruch abzuschreiben, der unten an der Wand vor der Treppe hing und mir sofort bei meiner Ankunft aufgefallen war. Er begann mit dem Satz: „Un peregrino sin humor es como ... " –Ein Pilger ohne Humor ist wie ...– und schrieb damit quasi HUMOR für den Santiago-Pilger als vornehmste Eigenschaft vor!

7. Tag
Dienstag, 28. Juni 2005
Pamplona → Zaraquiegui → Obanos   **20 km**

Ich ging früh los, um den ersten Bus Nr. 6 nach Cizur **Menor** zu bekommen. Der Busfahrer erklärte mir aber, er führe überhaupt nicht dort hin. Sein Ziel sei Cizur **Mayor** und ob er an den Camino käme, das wüsste er nicht. Ich hatte den Eindruck, er fand es nicht in Ordnung, dass ich mit dem Bus fahren wollte. Er fragte sogar: „Warum laufen Sie nicht?" Ich gab ihm keine Erklärung, beschloss kurzerhand mitzufahren und in Cizur Mayor auszusteigen. Er setzte mich dann vor der Brücke, die nach Cizur Menor hinüberführte, ab, was bedeutete, dass ich etwa zwei bis drei Kilometer bis zum Camino laufen musste. Ich hätte wirklich nicht den Bus nehmen sollen.

Naja, das war eben m e i n Weg: über die Brücke, durch Cizur Menor hindurch bis zum Camino, nach dem ich noch mehrmals fragen musste. Bevor ich ihn endlich fand, sah ich zwei Haltestellen, an denen der Bus Nr. 6 hielt. Dieser dumme Busfahrer.

In Zaraquiegui kam ich an einem Haus vorbei, auf dessen Gartenmäuerchen Wanderstöcke lagen wie ich einen hatte! Ich sprach die Señora, die gerade im Garten arbeitete, daraufhin an. Sie war sehr erfreut und holte sofort ihren Mann, der sich ebenfalls freute,

Hinauf zum Puerta de Perdón

denn er erkannte ganz eindeutig, dass mein Stock von ihm war. So freuten wir uns alle drei, und ich fand es toll, dass ich den Herkunftsort meines Wanderstockes gefunden hatte. Der Mann lief noch einmal ins Haus und holte mir Bonbons, eisgekühlte Fruchtkaubonbons: „Für die Überquerung des Perdón-Kammes", sagte er beschwörend, „denn das wird anstrengend."

Er sollte Recht behalten, und: Ich habe nie wieder, weder vorher noch nachher, so köstliche Bonbons gegessen.

Nach dieser Begegnung lief ich mit vollem Elan los, doch schon der erste Berg brachte mich zum Schnaufen. Es war brütend heiß. Ich war heilfroh, als ich ihn geschafft hatte und rief meine Schwester an. Ihre vertraute Stimme tat mir gut, und mit neuem Elan machte ich mich bald wieder auf den Weg. Der letzte Anstieg zum Pass hinauf kam mir dann weniger anstrengend vor als der erste Berg, und wenn ich genau auf die Höhenkarte schaue, dann ist er auch wirklich weniger steil.

Würde ich diesen Weg noch einmal gehen, dann bliebe ich in Uterga. Später erzählten mir nämlich viele schwärmend, wie schön der Ort und die Herberge gewesen seien. Aber ich machte dort nicht einmal eine Pause, sondern ging an den vielen Leuten, die ich draußen vor einem Café gemütlich sitzen sah, einfach vorbei. Vielleicht würde ich bei einem nächsten Mal aber auch direkt zur Eunate wandern und dort übernachten, so wie es Debbie und Janet aus den USA (die ich später in Foncebadón näher kennenlernen sollte) getan haben. Die Eunate ist eine wunderschöne kleine romanische Kapelle, die mitten in einer vollkommen einsamen Landschaft und etwas abseits vom Jakobsweg steht. Die beiden Amerikanerinnen haben dort in einer winzigen Herberge direkt neben der Kapelle eine wundervolle Nacht verbracht – mit einem abendlichen Konzert nur für sie in der kleinen Kirche!

Auf dem Perdón Pass

Ich aber lief bis Obanos, und Obanos ist auch wirklich ein hübscher mittelalterlicher Ort, wo alle zwei Jahre Mysterienspiele aufgeführt werden. Dann verwandelt sich das ganze Dorf in ein Theater, jeder Dorfbewohner ist auf die eine oder andere Weise daran beteiligt, und der Hauptplatz wird zur Freilichtbühne.

Hier erfuhr ich später, dass man in jeder öffentlichen Bibliothek Spaniens kostenlosen Zugang zum Internet hat. Leider war die Herberge noch geschlossen und ich musste fast eine Stunde davor warten. Später kamen Michael, Jill und J.J. vorbei und machten in dem kleinen Park neben der Kirche eine Pause. Auch der junge Mexikaner, den ich in den Pyrenäen getroffen hatte, durchquerte Obanos nur. Die meisten wollten bis Puente la Reina, das nur drei Kilometer von hier entfernt lag. Doch ich wollte mir diese Strecke bis zum nächsten Tag aufheben. Als der Hospitalero endlich öffnete, war ich die erste in der Herberge und konnte mir den schönsten Platz aussuchen. Ich wählte ein Bett am Fenster. Im Augenblick waren die Läden noch dicht verschlossen, denn die Sonne brannte mit aller Macht direkt darauf. Aber es war abzusehen, dass man später, wenn die Sonne weitergezogen war und man die Läden öffnete, einen herrlichen Ausblick in den kleinen mit Bäumen und duftenden Kräutern bepflanzten Garten haben würde.
Plötzlich kam der Franzose mit dem 3-Kilo-Rucksack herein und platzierte sich direkt neben mich. Ich zog um. Da fragte er mich, ob ich Angst hätte, und ich wurde nun wirklich sauer. „Nein, ich habe keine Angst, aber ich bin allein unterwegs, weil ich allein sein will", und das solle er bitte zur Kenntnis nehmen. Von da ab mied er mich und lief mir auch später nie wieder über den Weg.

Inés und Paco kamen mit den Kindern recht spät an. Ich erzählte den Kindern, dass ich mit dem Bus gefahren war und Paco empörte sich später lachend: „Los niños me han dicho que has hecho una trampa?!!" - „Sí, he hecho una trampa." –Die Kinder haben mir erzählt, du hast geschummelt?!! - Ja, ich habe geschummelt.–
Ganz kurz meinte ich, ihnen sagen zu sollen, dass sie sich in der Bar für das Abendessen anmelden müssen, aber ich wollte nicht „mutterhaft" sein, denn schließlich hatte ich es ja auch ohne Hilfe herausgefunden, und unterließ es. Dann bekamen sie kein Abend-

essen mehr, weil die Köchin schon fort war, während ich dort mit einem jungen Schweden saß und aß. Ich fühlte mich schuldig und hatte wirklich ein ziemlich schlechtes Gewissen. Mussten sie nicht denken, ich wollte nicht noch mal mit ihnen essen? Dabei stimmte das gar nicht. Vor dem Zubettgehen erzählten sie mir dann, sie hätten in dem Laden noch einiges kaufen und sich so selbst ein Essen zubereiten können. Ein paar Tage darauf sahen wir uns noch einmal ganz kurz wieder: Paco und seine 14-jährige Tochter fuhren auf Fahrrädern an mir vorüber und beide winkten mir jubelnd zu. Offenbar hatte sie meine Busfahrt ermutigt, selbst auch andere Fortbewegungsmöglichkeiten auszuprobieren. Ich freute mich für sie.

Mit dem jungen Schweden verlief der Abend angenehm und recht unterhaltsam. Er pilgerte bereits zum zweiten Mal nach Santiago und erzählte, dass ihm die Strecke zwischen Burgos und León die liebste sei, sehr schön und meditativ. Die meisten Spanier überspringen diesen Teil des Caminos und viele hatte mir dazu auch schon geraten. Er sei langweilig und öde, soweit das Auge reicht nur Weizenfelder, zu heiß und zu anstrengend. Mich bestärkte seine Schilderung nun noch einmal in meinem Vorhaben, die *Meseta* – die spanische Hochebene – auf keinen Fall auszulassen.

8. Tag
Mittwoch, 29 Juni 2005
Obanos → Puente la Reina   etwa 3 km

An diesem Morgen wollte ich etwas länger schlafen, ich hatte ja nur drei Kilometer vor mir. Also ließ ich mich durch den Aufbruch der Pilger in der Frühe nicht stören – und verschlief. Ich wurde erst um zehn vor acht wach! Das hieß: anziehen, einpacken, raus aus der Herberge. Es war niemand mehr dort und der Hospitalero auch nicht mehr so freundlich. Ich durfte mich nicht mal waschen. – Naja, nicht so schlimm. Ich hatte einen ganzen Ruhetag vor mir.

An der Herberge in Puente la Reina angekommen, war diese gerade offen und eine Putzfrau ging ein und aus. Ich spielte kurz mit dem Gedanken, mein Gepäck dort zu lassen, verwarf ihn aber wieder, denn ich hatte mich ja mit Pilar an der Brücke verabredet und vereinbart, dass ich eventuell mit ihr zusammen in der Wohnung ihres Freundes übernachten könnte. So machte ich lediglich eine kurze Pause auf dem kleinen Platz vor der Herberge und wechselte von den Wanderstiefeln in die Sandalen.

Frohen Herzens lief ich weiter. Ich war überglücklich, in Puente la Reina zu sein. Es war ein Fest für mich. Pilar stand schon an der Brücke, und es war ein schönes Gefühl, dass mich jemand erwartete. Doch dann war unsere Begrüßung so ganz anders als erwartet. Pilar wirkte distanziert, fast ein wenig verwirrt, und erzählte, sie habe Blutungen und Schmerzen. Nach einer Weile machten wir uns auf den Weg zu ihrem Freund, um meinen Rucksack dort zu deponieren. Dass ich später in der Herberge und nicht in der Wohnung des Freundes nächtigen würde, hatten wir bereits abgesprochen. Ich war mir mit einem Mal aber gar nicht mehr sicher, ob ich überhaupt noch in die Wohnung des Freundes wollte, und auch nicht, ob Pilar das noch recht war oder ob sie sich nur an unsere Vereinbarung gebunden fühlte.

Sie ging mir voraus, und ich fühlte mich wie in einer Falle; meine ganze Freude und Leichtigkeit waren dahin. Wollte ich wirklich mit ihr den Tag verbringen und zur Eunate wandern? Ich empfand ihre Ausstrahlung, ja die ganze Situation als derart belastend, dass ich plötzlich stehen blieb und zu ihr sagte: „Pass auf, ich will doch lieber jetzt gleich in die Herberge gehen." Meinen Festtag wollte ich mir auf keinen Fall vor ihrer eigentümlichen Laune und Verwirrtheit oder von ihren Problemen überschatten lassen. Ich schlug halbherzig und etwas vage ein Treffen am Nachmittag vor und sagte drei Uhr, weil ich vermutete, dass wäre ihr viel zu spät. Im Grunde wusste ich bereits, dass ich nicht hingehen würde. Das klingt vielleicht unfair, andererseits sind solche etwas unverbindlichen Verabredungen in Spanien durchaus üblich. Sie lassen den Beteiligten die Chance, nicht zu erscheinen, ohne mit einem *Nein* einander zu brüskieren.

Wieder allein auf der Hauptstraße angelangt, fragte ich zwei Frauen, wo die zweite Herberge sei. Sie befände sich auf der anderen Seite des Flusses und die beiden waren sicher, sie sei weiter entfernt als die, an der ich schon vorbeigekommen war, also lief ich zurück zum Anfang des Ortes.

Zum Glück war die überaus freundliche Reinigungsfrau noch da und ich konnte meinen Rucksack in der Herberge deponieren. Meinen Stock ließ ich draußen an der Wand gelehnt stehen. Dort stand er, als ich Stunden später zurückkam, immer noch.

Ich entdeckte ein gemütliches Straßencafé, wo ich mich erst einmal zufrieden niederließ und frühstückte. Es befand sich direkt auf dem Camino, und so kamen alle Pilger an mir vorbei. Aida und Julio mit ihren beiden Jungen, die mir an diesem Tag schon des Öfteren begegnet sind, setzten sich ein Weilchen zu mir. Sie kamen aus Madrid und wollten ab diesem Jahr jeweils eine Woche ihres Urlaubs auf dem Jakobsweg wandern. Vor drei Tagen hatten sie mit ihrer ersten Etappe in Roncesvalles begonnen. Julio zeigte mir Fotos von ihrem Weg in die Stadt Pamplona hinein, der durch einen sehr schönen großen Park geführt hatte. Nun bedauerte ich doch ein wenig, mit dem Bus gefahren zu sein. Ich erzählte ihnen von *Endrina und dem Geheimnis des Pilgers*. Julio bekam sofort Lust, das Buch ebenfalls zu lesen und wollte es sich bei der nächsten Gelegenheit kaufen.

Die beiden Jungen saßen derweil am Nebentisch und spielten Game Boy. Der Jüngere war sieben Jahre alt und der jüngste Pilger, der mir auf meinem Weg begegnet ist, sein Bruder war zwölf. Die beiden schienen das „Unternehmen Jakobsweg" (obwohl es anstrengend war) als besondere Herausforderung zu genießen.

Mit Aida und ihren Söhnen auf der Brücke von Puente la Reina

Der Tag in Puente la Reina war perfekt. Ich schöpfte Kraft und vor allem war ich glücklich, ja fast euphorisch, tatsächlich hier angekommen zu sein – zu Fuß!

Wenn ich mir das zu Hause auf der Landkarte angesehen hatte, dann hatte ich immer das Gefühl gehabt, dass dieser Ort m e i n persönliches Santiago sei, mein Ziel.

Würde ich hier gut ankommen, dann wäre alles gut und ich würde in aller Gelassenheit den weiteren Weg planen. Es war nun so, dass ich den Camino am liebsten nicht mehr verlassen hätte. Der Gedanke, noch einmal mit einem Bus oder mit der Bahn einen Teil zu „überspringen" erschien mir nach der Erfahrung mit dem Stadtbus vor und nach Pamplona in keiner Weise erstrebenswert. Es war schön, den gelben Pfeilen zu folgen, es gab mir ein Gefühl von Geborgensein und Sicherheit.

Dieses Planen verließ mich nie ganz. Immer wieder plante ich und verwarf alles wieder. Ich glaube, das Planen war wichtig, aber es war auch gut, den Plan selbst nicht zu wichtig zu nehmen, sondern nur als Richtlinie zu verstehen und offen für die Veränderungen zu sein, die sich auf meinem Weg dann ergeben haben.

Am Nachmittag wanderte ich zur berühmten Kirche *Santa María de Eunate*. Hier herrschte eine wunderbar dichte Atmosphäre, eine Stille, die ich fast einatmen konnte. Ein heiliger Ort.

Der Ursprung dieser einzigartigen kleinen romanischen Kapelle liegt im Ungewissen, allerdings vermuten Historiker aufgrund ihrer achteckigen Form und einiger anderer Merkmale, dass es sich um eine Templerkirche handelt.

Der berühmte Templerorden – Anfang des 12. Jahrhunderts in Jerusalem gegründet – ist eine sagenumwobene Gemeinschaft von Mönchen, die zugleich Ritter waren. Zu jener Zeit war Jerusalem ein Anziehungspunkt für viele Pilger und Abenteurer aus Europa. Die Mönche des Templerordens hatten sich der Aufgabe verschrieben, diese Pilger – und überhaupt die christliche Welt gegen die muslimische – zu verteidigen und zu schützen. Innerhalb weniger Jahrzehnte erlangte der Orden große Macht und genoss außerordentliche Privilegien. Schließlich kontrollierte er das Finanz- und Transportwesen des gesamten vorderen Orients und der europäischen Königshäuser.

Auch auf dem Jakobsweg ließ er sich zum Schutze der christlichen Wallfahrer nieder und verwaltete beispielsweise unter anderem das Geld wohlhabender Pilger, die so vor Überfällen sicher waren und unterwegs an Stützpunkten des Templerordens sozusagen Geld „abheben" konnten. Anfang des 14. Jahrhunderts fiel der Orden in Ungnade und wurde in einer beispiellosen Aktion quasi über Nacht ausradiert.

Der Weg zur Eunate war weit und etwas öde, immer an der Landstraße entlang: vier Kilometer hin und natürlich wieder zurück. Auf dem Rückweg aber entdeckte ich einen kleinen Pfad, der sich durch Felder hindurchschlängelte und erreichte auf diese Weise Puente la Reina von oben, was mir erlaubte, einen herrlichen Blick über den Ort zu genießen. Auf diese Weise in den Ort hineinzuwandern war wunderschön, viel schöner als am Morgen.

Ich kam auch hier wieder an einem Schwimmbad vorbei und entdeckte dann eine Massagepraxis, die spezielle Angebote für Pilger machte. Spontan beschloss ich, mir eine Massage zu gönnen. Der Masseur war ein Mann, der viel Aufhebens darum machte, dass er Begleiter der Fußballmannschaft von Pamplona war. Er verlangte 50 Euro! Schließlich handelte ich ihn auf dreißig herunter. Das erschien mir immer noch teuer, aber er machte seine Sache gut. Meine Beinmuskeln, vor allem die Waden, waren anschließend wieder ganz weich, und ich fühlte mich insgesamt ungemein entspannt.

Den Sonnenuntergang erlebte ich neben der berühmten, namengebenden *Puente la Reina* –*Brücke der Königin*–. Doña Mayor, Königin von Navarra, hatte sie im 11. Jahrhundert erbauen lassen, um den Pilgern das Überqueren des Flusses Agra zu erleichtern. Ich sah auch Pilar noch einmal – von weitem und hütete mich davor, von ihr gesehen zu werden. Zwei Tage später erhielt ich folgende SMS: „Ich bin bis heute in Puente la Reina geblieben. Auch für mich war es ein sehr wichtiger Punkt. Ich hätte schon Lust, aber ich weiß nicht, ob wir uns noch mal wiedersehen. Eine Umarmung aus Villatuerta – Gruß Pilar." – Ich habe ihr nie geantwortet. Denn obwohl mich ihre Nachricht berührte, blieb ein gewissen Unbehagen bestehen.

In dem Café vom Vormittag aß ich später gut zu Abend und legte mich anschließend auf die große, jetzt schattige zur Herberge gehörende Wiese, die immer noch sonnenwarm war. Meine Sachen waren inzwischen trocken und das neue Wasch-Shampoo nicht mehr ganz so voll. Ich hatte es absichtlich im Waschraum stehen gelassen und natürlich hatten sich andere davon genommen: Nun war die Flasche viel leichter! Hier lernte ich eine allein wandernde Ungarin kennen, die, wie sich später in Redecilla del Camino herausstellte, recht gut Deutsch konnte. Es waren ausschließlich Frauen im Zimmer. Ich glaube, das war absichtlich so eingerichtet. Jede war allein oder zu zweit unterwegs, und ich fand es äußerst angenehm, nur unter Frauen zu sein. Eine Mexikanerin ließ sich von einem stets lächelnden Brasilianer, der immer erst sehr spät loslief und entsprechend immer erst sehr spät ankam, die Beine massieren. Er arbeitete mit Reiki und sie war ganz begeistert. Später in Estella aber musste sie ihren Camino doch abbrechen. Ihr vorderer Schienbeinmuskel hatte sich stark entzündet. Darunter litten recht viele.

9. Tag
Donnerstag, 30. Juni 2005
Puente la Reina → Cirauqui → Estella   19 km
    aber wegen Umleitungen: **25 km**

Ich brach wieder in aller Frühe auf – und ließ leider meine kleine Taschenlampe zurück. Es war noch dunkel, als ich über die schöne Brücke Puente la Reina verließ. Spanien liegt so weit im Westen Europas, dass dort eigentlich die Westeuropäische Zeit (Greenwich Mean Time) gelten müsste – genauso wie in Großbritannien und auch in Portugal. Aus wirtschaftlichen Gründen und um die Zugehörigkeit zu Europa zu betonen, hat die spanische Regierung aber entschieden, die Mitteleuropäische Zeit gelten zu lassen. Daher geht die

Sonne in Spanien eine Stunde später auf als in Berlin und auch eine Stunde später wieder unter. Erst um ungefähr viertel vor sechs wird es allmählich hell und die Dunkelheit erreicht Spanien im Sommer erst gegen 23 Uhr.

Ich fühlte mich an diesem Morgen wie immer herrlich. Dieses morgendliche Loslaufen, ganz allein mit meinem Rucksack auf dem Rücken, war jedes Mal das Schönste vom ganzen Tag. Ich fühlte mich so wunderbar frei und leicht. Der Weg nach Estella war allerdings hart und lang. Wir Pilger wurden ständig umgeleitet und immer wieder umgeleitet. Zwischen Pamplona und Logroño wurde eine Autobahn gebaut und der Camino war aus diesem Grund an vielen Stellen nicht begehbar. Ich lernte zwei junge Frauen kennen, eine Deutsche und eine Engländerin, die sich in England bei einer Wanderung kennengelernt hatten und nun gemeinsam den Camino gingen. Mehrmals halfen wir uns gegenseitig, die etwas ungenauen Wegbeschreibungen zu deuten.

Dennoch war der Weg schön. Er führte durch bewaldetes hügeliges Gelände. Wir passierten eine römische Brücke, und trotz der Hitze genoss ich das Gehen. Immer wieder einmal tauchte eine Wolke am Himmel auf und brachte einen kleinen erfrischenden Wind mit sich.

**Römische Brücke
vor Estella**

Cirauqui war ein hübscher und außergewöhnlicher Ort. Der Camino führte eine steile Anhöhe hinauf, wo man ein großes Tor durchschritt. Es war merkwürdig, denn man ging tatsächlich durch ein Gebäude hindurch, das einen offiziellen Eindruck machte. Da lagen auch ein Stempel und ein Stempelkissen, und zum ersten Mal machte ich mir selbst einen Stempel in meinen Pilgerpass.

Hier lernte ich Kathleen kennen. Eine junge, schöne New Yorkerin, die etwas unsicher war, ob sie ihren Rucksack kurz deponieren könnte, um auf die Toilette zu gehen. Ich machte den Vorschlag, gegenseitig auf die Rucksäcke aufzupassen und so machten wir es auch. Die Toiletten befanden sich in der ersten Etage und ich ging an Büros vorüber. Einige Türen standen offen, aber niemand nahm Notiz von mir. Kathleen war mir sympathisch und ich hätte sie gerne etwas näher kennengelernt. Leider musste sie zur Bank, also ging ich allein weiter.

●

Die Herberge in Estella war überraschend modern und wirkte angenehm klar. Der Eingangsbereich und Aufenthaltsraum war groß und mit hellem Holz schön eingerichtet. Durch die großen Fenster kam viel Licht, aber keine Sonnenwärme herein. Die Luft war erfreulich frisch und meditative Klänge begrüßten uns beim Eintreten. Mir erschienen sie allerdings nach kurzer Zeit zu laut und nach dem ersten positiven Eindruck fühlte ich mich völlig entnervt und konnte keinen klaren Gedanken mehr fassen. Dann erlebte ich zum ersten Mal, dass die Betten zugewiesen wurden. Wir konnten uns also nicht aussuchen, wo wir schlafen wollten. Ich war empört! Die verantwortliche Hospitalera schien mir „Schicksal" spielen zu wollen. Sie hatte die Macht, bestimmte Menschen nebeneinander schlafen zu lassen. Und dann tauchte auch noch dieser alte, dunkle Typ neben mir auf mit einem pockennarbigen Gesicht!
Gruselig. Was hatte sie sich denn dabei gedacht?

Wenn man so nebeneinander ein Bett belegt, dann grüßt man sich natürlich und redet ein paar Worte, und so entpuppte der „gruselige Typ" sich schließlich als überaus sympathischer mexikanischer Vater, der mit seiner 24-jährigen Tochter unterwegs unterwegs war. Er war ziemlich unglücklich, dass es ihr so gar nicht gefallen wollte, denn nachdem er im letzten Jahr den Camino allein gelaufen war, hatte er voller Begeisterung seine Tochter überredet, in diesem Jahr mit ihm den Weg zu gehen. Aber für sie war es nur eine Tortur. „Warum hast du mich in dieses Land gebracht? Hier ist es heiß und die Leute sind unfreundlich", war ihre stete Klage. Sie litt unter den Strapazen, hatte Blasen an den Füßen und sprach kaum noch mit ihrem Vater. In der Tat waren viele Spanier nicht besonders freundlich zu Mexikanern, das heißt, ich hatte den Eindruck sogar überhaupt zu Lateinamerikanern. Sie sprachen ihr Spanisch etwas anders – unverständlich für viele, die sich so gar keine Mühe machten, einen fremden Akzent verstehen zu wollen – und so behandelten sie sie von oben herab. Es stimmt natürlich, dass das Spanisch der Latinos zunächst etwas fremd klingt, viel weicher und mit einer eigenen Melodie. Ich hatte die beiden – Vater und Tochter – auch erst für Katalanen gehalten. Aber mit etwas gutem Willen kann man sich hineinhören in ihren Akzent, schließlich sprechen sie Spanisch.

In dieser Herberge gab es noch etwas zum ersten Mal: gemischte Duschen! Bisher waren zwar die Schlafräume gemischt, aber Toiletten und Duschen stets getrennt gewesen. Als ich aus der Dusche trat, kam ein Mann herein und was nun geschah, war seltsam: Einen winzigen Augenblick erfasste mich Panik, doch dann durchfuhr mich wie ein Blitz der Gedanke: „Egal, hier guckt doch kein Mensch. Wir sind alle müde und wollen nur duschen". Gleichzeitig griff ich nach meinem Sarong und umwickelte mich damit. Der Mann war wie angewurzelt stehen geblieben und stieß überrascht aus: „C'est pour tout le monde?" –Ist das hier für alle?– „Oui, c'est pour tout le monde" –Ja, das ist hier für alle–, konnte ich prompt antworten und musste dabei innerlich schon lachen. Wusch, war er rückwärts wieder raus! Es war köstlich amüsant.

●

Estella ist eine ehrwürdige alte Stadt. Sie liegt am Fluss Ega, dessen „süßes Wasser" in *Endrina* lobend erwähnt wird. Man kann viele alte romanische Brücken sowie verwinkelte Gassen und historische Gebäude bewundern. Schon Americo Picaud, ein französischer Geistlicher, der gegen 1130 den ersten Pilgerführer nach Santiago de Compostela geschrieben hatte, rühmte Estella: „Gutes Brot, exzellenter Wein, viel Fleisch und Fisch sowie alle Arten von Vergnügungen." Welcher Art die Vergnügungen gewesen sein mögen, darüber will ich vielleicht lieber nicht nachdenken. Ich habe jedenfalls recht gut gegessen. Zuerst auf dem großen Hauptplatz, auf dem ich auffallend viele Latinos erblickte und auch hier wieder erlebte, dass viele Spanier sie nicht gerne sehen und auf sie herabblicken. Am Abend bestellte ich in einer Bar versehentlich panierte Schweinezunge. Sie sah so appetitlich aus... Glücklicherweise konnte ich noch rechtzeitig klären, um was es sich handelte, und der nette Barbesitzer nahm sie voller Verständnis wieder zurück. Brrr!!! Schweinezunge.

Nach einem kleinen Spaziergang und bevor ich in die Herberge zurückging, rief ich meine Freundin in Valencia an, denn heute war ihr Geburtstag. Sie freute sich sehr und sagte, sie sei richtig stolz, eine so mutige, starke Freundin zu haben, die den Camino läuft. Ihre Worte überraschten mich. Mir war gar nicht bewusst gewesen, dass sie meine Wanderung so hoch einschätzte und fast war es mir peinlich, so gelobt zu werden, aber ich spürte auch, wie es mich freute. Und als ich in der Herberge noch einmal nach meinen Mails schaute und mein Mann mir mitteilte, dass er den Vorschlag toll fand, einfach so weit zu laufen, wie ich komme und dann den Rest bis Santiago im kommenden Jahr gemeinsam mit ihm zu gehen, erfreute dies mein Herz ebenfalls. Müde und glücklich legte ich mich schlafen.

10. Tag
Freitag, 1. Juli 2005
Estella → Villamayor de Monjardin → Los Arcos   21 km

Sehr früh, schon um 5.30 Uhr, machte ich mich wieder auf den Weg und erneut ging mir das Meditationsgedudel in der Herberge höllisch auf die Nerven. Ich musste mir die Ohren zuhalten, um meine Gedanken zu sammeln, damit ich nichts vergaß. Es war herrlich befreind, endlich draußen in der Stille der fast noch nächtlichen kleinen Stadt zu gehen. Irgendwann konnte ich jedoch keinen Pfeil mehr finden, denn es war noch sehr dunkel und die Straßenbeleuchtung wurde immer schlechter, je weiter ich das Zentrum der Stadt hinter mir ließ. Ich sprach einen älteren Mann an, der um diese frühe Stunde schon mit dem Fahrrad unterwegs war. Er zeigte mir, wo es weiterging. Als ich dann einen kleinen gelben Pfeil auf der Rückseite eines Verkehrsschildes erblickte, blieb er dabei, dass erst später die Pfeile wieder auftauchen würden. Er sah den kleinen (inoffiziellen) Pfeil einfach nicht. Und gerade diese kleinen inoffiziellen Pfeile beglückten mich immer besonders. Ganz herzlichen Dank all denen, die sich die Mühe machen und kleine gelbe Pfeile auf viele verschiedene Stellen malen!

Weiter ging es, immer aufwärts. Zum Kloster Irache wollte ich nicht, aber in Ayegui hielt mich ein Mann zurück und machte mir klar, dass der Weg am Kloster vorbei der einfachere sei. Es gäbe keinen Berg zu erklimmen. Und so war es. Kaum zu fassen. Davon stand in meinem Reiseführer kein einziges Wort, nur dass man unbedingt den Umweg über Irache nehmen solle, um das Kloster zu besichtigen und die Weinquelle zu entdecken. Aber dass man damit einen Berg umgeht und viel Kraft spart – nicht der kleinste Hinweis!

Leider war die Weinquelle der Weinkellerei „versiegt". Es stank nur mörderisch nach altem Wein. Dafür konnte ich meine Wasserflasche mit frischem Wasser füllen. Das Kloster Irache war zu dieser frühen Stunde natürlich noch geschlossen und ich warf nur einen flüchtigen Blick durchs Tor.

Der Tag wurde sehr schnell sehr heiß und ich machte öfter eine Pause am Wegrand. Während einer dieser Pausen setzte sich der mexikanische Vater zu mir. Er machte sich große Sorgen um seine Tochter und war ziemlich verunsichert, ob es richtig gewesen war, sie hierher zu bringen. Sie habe eine überaus schwierige Jugend gehabt, erzählte er, und leide an Depressionen. Zur Zeit sei sie wieder recht labil, weil eine Trennung hinter ihr liege. Er habe geglaubt, die Erfahrungen auf dem Camino könnten ihr helfen, zu sich selbst zu finden und sich zu stabilisieren, aber nun sei sie nur noch gereizt und völlig am Ende ihrer Kräfte. Ich riet ihm, mit ihr zwischendurch einmal eine

Strecke mit dem Bus oder Zug zu fahren, damit die Anstrengung für sie weniger würde und sie die Schönheit des Landes überhaupt wahrnehmen könne. Vielleicht ist er meinem Rat gefolgt, wir haben uns jedenfalls nie wieder getroffen. Er war wirklich ein ausgesprochen sanfter Mann und liebevoller Vater. Später erfuhr ich, dass er einer Pilgerin von mir erzählt und ihr *Endrina und das Geheimnis des Pilgers* weiterempfohlen hatte, worüber ich mich sehr freute.

Mittelalterliche Brücke über den Rio Ulzana

Heute machte ich das erste Mal eine Pause zusammen mit Marisol und Miguel, einem Ehepaar aus Sevilla und Marisols Schwester Encarna. Ihre angenehme, offene Art gefiel mir ausgesprochen gut. Schon am Abend vorher waren mir die drei in der Herberge durch ihr fröhliches Lachen aufgefallen.

Um 12.20 Uhr kam ich in Los Arcos an. Ursprünglich hatte ich vorgehabt, Rio de las Torres zu erreichen, aber mein Körper sagte: Nein, Schluss, du bleibst hier. Das passierte häufig: Morgens nach etwa drei Stunden Wanderung war ich immer so gut in Form, dass ich mir ein weitere Strecke durchaus vorstellen konnte. Leider war es dann aber um die Mittagszeit meist derart heiß, dass daraus fast nie etwas wurde.

In Los Arcos gab es drei Herbergen. Eine staatliche, die sich am Ausgang der Stadt auf der anderen Seite des Flusses befand – also zu weit für mich, denn ich wollte keinen Schritt mehr tun als unbedingt nötig. Die erste Herberge war ein österreichisches Haus – *Casa de Austria* – und dorthin wollte ich eigentlich nicht. Das nächste *Albergue*-Schild winkte auch schon, und so ging ich bis dorthin weiter. Die Tür war aber verschlossen. Ein historischer Pilgerumhang und Pilgerhut hingen in der Tür, alles sah etwas verstaubt aus und nicht besonders einladend. Gleich nebenan befand sich ein Laden plus Bäckerei. Ich wollte nach der Herberge fragen, jedoch war er voller Kunden, also ging ich zurück in die Casa de Austria, zusammen mit einer Dänin, die zwar nicht hier übernachten wollte, die aber eine Herberge suchte, um sich ein paar Stunden auszuruhen – eine gute Idee.

Wir wurden von einer freundlichen Dame in schönstem Österreichisch willkommen geheißen. Sie war neu, hatte gerade heute ihren Dienst als Hospitalera angetreten und brauchte ein wenig länger mit allem, dabei war sie aber sehr umsichtig und verständnisvoll. Sie machte auch die Musik auf meine Bitte hin aus, die hier nicht nur im Empfangsbereich tönte, sondern auch noch in die Zimmer hineingespielt wurde! Was für eine Idee.

Nach stundenlangem Gehen in der Stille der Natur war mir diese Musikberieselung einfach unerträglich. Ich befragte die anderen Mitbewohner meines Zimmers und die waren ebenfalls für die Stille dankbar. Nach dem Duschen legte ich mich hin und schlief auf der Stelle ein.

Als ich erwachte, waren inzwischen die beiden französischen Ehepaare eingezogen, mit denen ich schon in Estella das Zimmer geteilt hatte. Der eine Mann kam auf mich zu und sagte strahlend: „Sie waren die Frau in der Dusche!", dabei nahm er meine Hand und gab mir galant einen Handkuss. Wie charmant.

Im Casa de Austria kam täglich ein Masseur und bot günstige Beinmassagen an. Ich gönnte mir eine. Sie tat mir gut und ich fühlte mich anschließend wunderbar leicht.

Gegen Abend ging ich endlich die hübsche kleine Stadt erkunden. Auf dem großen Hauptplatz, der rundum mit Arkaden versehen war, traf ich Julio und er erzählte mir, dass sein jüngster Sohn Roberto Fieber bekommen hatte und eine Pause einlegen musste. Nun war er allein mit seinem Ältesten unterwegs. Aida und Roberto würden dann in ein paar Tagen, wenn es ihm wieder besser gehen würde, mit dem Bus hinterhergefahren kommen.

In der Bäckerei neben der geschlossenen Herberge gab es köstliche Kekse und überhaupt alles, was das Pilgerherz begehrte. Leider war die Bäckerin eine verbitterte, unfreundliche Frau. Wie sich herausstellte, gehörte ihr auch die Herberge nebenan und sie war richtig sauer auf die Casa de Austria. „Ausländer," schimpfte sie, „die sich hier breit machen und die Pilger übers Ohr hauen. Alles total dreckig dort!" Anscheinend gab es die Übereinkunft, dass die staatliche Herberge und sie die gleichen Preise nahmen, in der Casa de Austria zahlte man einen Euro mehr. Aber es war dort nicht „dreckig". Überhaupt nicht. Diese Frau log oder wahrscheinlich log sie nicht einmal. Sie erzählte einfach, was sie sich dachte, denn ich glaube nicht, dass sie jemals einen Blick in die Casa de Austria geworfen hatte. Dort war alles hell, freundlich und sauber.

Im Grunde war die Bäckerin zu bedauern. Sie besaß eine Goldgrube mit ihrem Laden, den leckeren Keksen und dem frischen Brot. Statt dies zu nutzen und die Pilger freundlich zu empfangen und eventuell sogar zu expandieren, war es in ihrem Laden extrem eng und sie achtete peinlich darauf, dass man ja nichts berührte. So vergraulte sie ihre Kunden geradezu durch ihre unfreundliche Art. Am Abend ging ich noch einmal zu ihr, um neue Kekse zu kaufen. Wir kamen ins Gespräch und ich versuchte, ihr das zu erklären und auch, dass die verschlossene Tür ihrer Herberge und die Dekoration mit den dunklen antiken Pilger-Assesoires nicht gerade einladend wirkten. Außerdem sei überhaupt nicht zu erkennen, dass Herberge und Laden zusammen gehörten. „Man kann doch hier fragen!", antwortete sie empört. Nun ja, das stimmte schon, aber da nicht ersichtlich sei, dass der Laden etwas mit der Herberge zu tun habe, würde kaum ein Pilger es wagen, eine viel beschäftigte Ladenbesitzerin nach der Herberge nebenan zu fragen. Man ist viel zu müde, will niemanden unnötig stören und vor allem keine Abfuhr erhalten, nach dem Motto: „Was habe ich mit der Herberge zu tun?" – Ich hoffe, sie hat etwas von dem verstanden, was ich versuchte, ihr klar zu machen, obwohl sie erst einmal nur widerwillig murrte.

Wieder auf der Straße, kam mir Kathleen, die schöne New Yorkerin, der ich in Cirauqui begegnet war, entgegen. Mit Flip-Flops an den mit Blasen übersäten Füßen! Staub bedeckt, sonnenverbrannt und erschöpft, dennoch strahlte sie mich an. Ich empfahl ihr die Herberge neben der Bäckerei, ermunterte sie und ihren Begleiter, einen älteren spanischen Pilger, der sie unter seine Fittiche genommen zu haben schien und besorgt dreinblickte, die Frau in dem Laden zu fragen. Sie suche dringend Gäste. Ob Kathleen und ihr Retter tatsächlich dort genächtigt haben, weiß ich nicht, denn ich habe sie nicht wieder getroffen. Am nächsten Morgen klemmte ich einen Zettel mit einem Gruß für sie und meiner E-Mail-Adresse in die noch immer verschlossene Tür der Herberge, aber Kathleen hat sich nie bei mir gemeldet. Sie war mir bei dieser zweiten Begegnung ganz schön durchgedreht vorgekommen, redete auch schon wieder davon, dass sie einen Geldautomaten brauchte. Was machte sie nur? Holte sie täglich Geld von der Bank? Hatte sie Angst, man könnte ihr Geld stehlen? Das könnte wegen der Gebühren richtig teuer werden. Hoffentlich hat sie den Camino ohne größeren Schaden überstanden.

Die erschöpfte Kathleen erinnerte mich an *Endrinas* Weg hierher und den ihrer Gefährten. Sie waren im Winter unterwegs gewesen und Schnee- und Eissturm hatten ihre Pilgerschaft extrem beschwerlich gemacht. Sie hatten sich verlaufen und konnten im tiefen Schnee die Zeichen, kleine Steinhäufchen, die in Richtung Santiago wiesen, nicht immer finden. Wie froh war ich doch, im Sommer unterwegs zu sein und in unserem Jahrhundert.

11. Tag
Samstag, 2. Juli 2005
Los Arcos → Viana **18 km**

Ich brach wieder früh auf. Erstens weil ich es inzwischen liebte und außerdem, um die kühleren Stunden des frühen Tages zu nutzen. Ganz wunderschön war das Gezwitscher der Vögel, die mich in diesen Morgenstunden fast immer begrüßten, mich begleiteten und erfreuten.

Später begegnete ich Marisol, Encarna und Miguel und wir blieben eine Weile zusammen. Auch sie hatten morgens immer das Gefühl, sie könnten viel weiter laufen als eigentlich geplant. Es war herrlich, wir fühlten uns frisch und kraftvoll. So nahmen wir uns vor, heute bis Logroño zu laufen, das wären 29 Kilometer und müsste durchaus zu schaffen sein. Bis Viana wären es nur 18 Kilometer und das erschien uns wirklich etwas sehr wenig.

Als ich dann aber mittags bei glühender Hitze völlig erschöpft in Viana ankam, saßen die drei schon am Dorfbrunnen und empfingen mich lachend mit den Worten: „Na, wer läuft heute noch bis nach Logroño?" Mehr als lachend den Kopf zu schütteln, brachte ich nicht fertig und stürzte mich erst einmal aufs Wasser. Wir gingen gemeinsam zur Herberge, ein malerisches altes Klostergebäude mit einem Innenhof, an dessen Mauern Weinranken wucherten. Wieder wurden uns Betten zugewiesen. Die junge Hospitalera verweigerte mir ein Bett unten, die müssten für ältere oder verletzte Pilger freigehalten werden! Zum Schlafen konnte ich später dann aber doch noch in ein freies Bett unten wechseln und verbrachte eine erfreulich gute Nacht, ohne weitere Klettereien.

Herberge in Viana

Ich hatte mir heute eine Blase gelaufen, die ziemlich schmerzte. Genau zwischen dem großen Zeh und dem daneben. Obwohl ich sofort in meine Sandalen gewechselt war, wurde sie immer dicker und war am Abend so quälend, dass ich wusste: So würde ich morgen nicht weiterlaufen können. Also ging ich hinunter und bat die Hospitalera um Hilfe. Sie holte ihre Kollegin und die stach sie mir beherzt auf, zog einen Faden durch und ließ ihn hängen. Eine super Methode! Sie klebte kein Pflaster drauf, nichts. „Morgen ist sie weg", sagte sie mit einer Überzeugung, die mich erstaunte – doch sie sollte recht behalten.

In Viana lernte ich das französische Ehepaar kennen, das ich später in Ribadiso noch einmal treffen sollte und sich herausstellte, dass er sehr gut Deutsch sprach. Heute aber radebrechte ich Französisch mit ihm. Ich hatte meine Bauchtasche falsch zugemacht und dabei den Verschluss verkantet, so dass sie sich nicht mehr öffnen ließ. Als ich verzweifelt aus der Herberge kam, standen die beiden davor, und ich sprach sie an, ohne groß zu schauen: „Können Sie mir helfen? Ich kriege das nicht mehr auf." Mit viel Mühe und einiger Kraftanstrengung konnte er den Verschluss wieder öffnen. Meine Güte, das durfte mir nicht noch einmal passieren!

12. Tag
Sonntag, 3. Juli 2005
Viana → bei Felisa → Navarette (Rioja)   **23 km**

Wie immer ging ich allein los. Miguel, Marisol und Encarna saßen noch im Aufenthaltsraum und frühstückten, als ich die Herberge verließ. Sie würden mich später, ebenfalls wie immer, überholen.

Es sollte ein brüllend heißer Tag werden, das merkte ich schon zu dieser frühen, noch kühlen Stunde. Immer wieder überraschten mich die vielen feuchten Spuren der Schnecken, die offensichtlich schon den Weg überquert hatten. Wann standen Schnecken auf? Und warum wanderten sie so früh schon durch die Gegend? Nutzten auch sie die kühlen Morgenstunden, wissend, dass später die heiße Sonne ihnen eventuell schaden könnte oder Mühe bereiten? Es herrschte jedenfalls – wie so häufig – ein reger morgendlicher Schneckenverkehr! Die Ameisen hingegen machten sich erst später an die Arbeit, aber dann waren sie unermüdlich. Die Körner des wilden Hafers, oft doppelt oder dreimal so groß wie sie selbst, schleppten sie emsig über den Weg.

Wenn man stundenlang vor sich hinläuft und den Blick doch oft nach unten gerichtet hat, bemerkt man plötzlich dieses „kleine Leben" hier, sei es auf den Wegen, sei es zwischen den Feldern, im Wald oder in den Weinbergen. Ein völlig eigenständiges Leben und Treiben, unbemerkt von uns Riesen, die wir die Erde an so vielen Stellen einfach für unsere Zwecke verändern und dabei oft zerstören. Diese kleinen Erdbewohner leben hier ganz eigenständig und finden alles, was sie zum Leben brauchen, anscheinend ohne auch nur irgendetwas zu verändern; allerdings müssen auch sie hart arbeiten.

●

Kurz vor Logroño kam ich an einem Häuschen vorbei, das auch in meinem Reiseführer Erwähnung gefunden hatte: Eine bereits sagenumwobene FELISA bietet hier seit Jahren für die Jakobspilger einen Ort der Erholung. Ich ging hinein und stand in einem freundlichen hellen Raum mit einem großen Tisch in der Mitte und Bänken auf beiden Seiten. Teller mit einfachen Keksen, Tassen, Gläser standen bereit, dazu wurde Kaffee, Milch und frisches Wasser angeboten. Eine echte kleine Oase.

Felisa, eine freundliche, zurückhaltende Frau in den Fünfzigern erzählte mir erst auf Nachfrage, dass sie gar nicht Felisa sei, sondern deren Tochter. Niemals hatte sie in jungen Jahren daran gedacht, dieses „Unternehmen" weiterzuführen. Aber als ihre Mutter vor einigen Jahren starb, war sie selbst auch schon nicht mehr die Jüngste und hatte erfahren, wie viel Freude sie hier schenken konnte und dadurch selbst erhielt. So war sie nun ebenfalls jeden Tag hier, freute sich auf die Pilger und bewirtete sie kostenlos. Auf dem Tisch stand eine kleine Plastikschale für Spenden, und gerne legte ich drei Euro hinein, obwohl ich nur ein Glas Milch getrunken und einen Keks gegessen hatte. Aber diese Pause war sicher weit mehr wert.

Auch Miguel, Marisol und Encarna kamen herein und wir brachen gemeinsam wieder auf. Logroño lag vor uns, und ich würde das erste Mal in eine große Stadt hineinlaufen. Bald nach FELISA begann ein rötlich braun eingefärbter Weg in die Stadt zu führen, fast so, als wäre ein roter Teppich für die Pilger ausgelegt worden. Das Überqueren der großen Brücke, die nach Logroño hinüberführte, war ein eindrucksvolles Erlebnis. Logroño ist die Hauptstadt von *La Rioja*, einem der bekanntesten spanischen Weinanbaugebiete, und diese Brücke stammt aus dem 12. Jahrhundert; schon damals betraten die Pilger Logroño auf ihrer ältesten Straße, der Ruavieja Sirga Pereginal. Mir wurde bewusst, dass der Jakobsweg stets auf den alten Wegen in die alten Teile eines jedes Ortes führte. Dadurch hat man die ganze Pilgerschaft über das Gefühl, in einer anderen Zeit zu wandeln. Das ist einer seiner ganz besonderen Reize.

Es war so früh, dass noch keine Bar geöffnet war, und Marisol musste dringend auf die Toilette. Der Weg führte durch einen großen, schönen Park, wo bereits viele Leute unterwegs waren: Jogger und Joggerinnen, ältere Menschen, die die kühlen Morgenstunden für einen Spazier-

Mit Marisol und Encarna hinein nach Logroño

gang nutzten. Miguel, Marisol und Encarna waren wie immer schneller und so machte ich allein eine kleine Pause und setzte mich neben eine ältere Dame auf eine Bank.

Überall waren Wasserspender aufgestellt, so dass ich meine Flasche mit frischem Wasser auffüllen konnte. Meine Banknachbarin war überrascht, ihr waren diese Wasserspender noch nie aufgefallen. Dabei ging sie hier häufig spazieren. Heute war sie schon auf dem Rückweg, denn allmählich begann es warm zu werden. Sie war überaus freundlich und interessiert. Es freute sie, dass ich Spanisch sprach, denn normalerweise könne man „mit den meisten Pilgern leider gar nicht sprechen". So unterhielten wir uns eine ganze Weile, und am Schluss wünschte sie mir viel Glück und alles Gute.

Der Weg durch diesen Park war für mich extrem anstrengend, er führte immer geradeaus und schien endlos. Viele Jogger zogen an mir vorbei und ich machte weitere Pausen auf einer der zahlreichen Bänke am Wegrand. Es machte mir Spaß, die Leute zu beobachten und viele Pilger an mir vorbeiwandern zu lassen. Schließlich aber hatte ich es geschafft, der Park und damit die Stadt lagen hinter mir. Nun ging es zunächst durch ein Wäldchen, weiter an einem großen See entlang und dann wieder durch herrliche Weinberge in Richtung Navarette.

Hier kam ich völlig erschöpft gegen Mittag an. In meinem Reiseführer stand, dass die Herberge in unmittelbarer Nähe einer Bar zu finden sei. Aber weit und breit keine Bar. Während ich am Brunnen erneut eine kleine Pause einlegte, kam Philippe und erbot sich, vorauszugehen und die Herberge auszukundschaften. Philippe war Schweizer und von zu Hause losgewandert. Er war also schon lange unterwegs und ein erfahrener Pilger. Die Sonne brannte so heiß, dass ich beim Einatmen das Gefühl hatte, Glut einzuatmen. Nach ganz kurzer Zeit kam Philippe zurück, er hatte die Herberge gefunden. Und auch die kleine Bar. Miguel, Marisol und Encarna waren bereits dort, meinten aber, die Bar hinter der Herberge sei besser. Dort konnte man im Schatten draußen sitzen und Tapas genießen. Ich bestellte mir ein kleines Bier und eine kleine Tapa mit einem Aufstrich aus Krebsfleisch. Es war wirklich göttlich.

Allmählich füllte sich der Platz, der direkt vor der imposanten Kirche lag, mit Pilgern. Wir alle mussten noch warten, denn die Herberge öffnete erst um 15 Uhr und jetzt war es kurz vor zwei. So saßen wir im Schatten mächtiger Platanen, genossen ein sanftes Lüftchen und die nette Gesellschaft der anderen. Aus der Kirche klang Gesang, hier sollte heute Abend ein Chor-Wettbewerb stattfinden und dafür wurde geprobt. Sehr schön.

Vor der Herberge in Navarette

Inzwischen war auch Eberhard eingetroffen. Er war Diakon aus Nordrheinwestfalen und vielleicht Ende fünfzig, hatte oft eine ironische Art und wirkte manchmal ein wenig unselbstständig. Unsere erste Begegnung war unglücklich verlaufen. Zu der Zeit wanderte Eberhard noch mit zwei Männern zusammen. Vater und Sohn aus Sachsen. Die beiden liefen jedoch wie so viele nur eine Teilstrecke, so dass sie sich später wieder trennten. An dem Tag, an dem wir uns das erste Mal begegneten, saß ich in einem kleinen Dorf allein auf einer Bank neben einem Brunnen und machte eine Pause. Sie wirkten deutsch und ich begrüßte sie sogleich mit: „Hallo, ihr seid Deutsche, nicht wahr?" – Zustimmendes, aber etwas verstimmtes Gebrummel war die Antwort. „Entschuldigt bitte, aber irgendwie sieht man es uns eben einfach an." „Uns??!!", entgegnete mir etwas unwirsch Eberhard. „Ja, uns. Ich bin auch Deutsche und mir passiert das immer wieder und ich frage mich, was es ist." „Die Schuhe", sagte der jüngste von den dreien prompt, und ich spürte sofort, dass ich in ein Fettnäpfchen getreten war. „Ja, vielleicht", antwortete ich vorsichtig, doch es wollte kein Gespräch mehr aufkommen und Eberhard hatte ich eindeutig verstimmt. Nun aber kreuzten sich unsere Wege immer wieder und da er nur Deutsch konnte, war er um jeden Kontakt doch einigermaßen froh.

Eberhard trug Schuhe, die ihm zu klein waren. Sie waren extra für ihn umgearbeitet worden, jedoch war dabei ein Fehler passiert und nun drückten sie mörderisch. Die ganze Zeit über war das ein Thema. Mich machte das wahnsinnig, denn ich konnte nicht begreifen, warum er sich nicht ein Paar neue Schuhe kaufte, es nicht einmal versuchte!

Natürlich war das nicht so einfach ohne Sprachkenntnisse, denn er sprach kein Wort Spanisch, Englisch oder Französisch – nur Deutsch. Aber in den großen Städten gab es überall noch echte Schuhmacher, er hätte es versuchen können. Er hätte einen Schuster finden und dann einen Pilger (auch mich zum Beispiel) bitten können, ihm zu helfen. Aber so war er nun mal. Er litt wohl lieber.

Als die Herberge öffnete, kamen wir alle in dasselbe Zimmer, zusammen mit einem weiteren Ehepaar aus Frankreich. Nach dem Duschen – wir hatten eine eigene Dusche und zwei Toiletten direkt von unserem Zimmer aus! – stach mir Miguel eine kleine Blase am linken Hacken auf. Er benutzte eine sterile Nadel mit einem sterilen Faden, der in der Blase verblieb, genau wie die Hospitalera in Viana. Leider berührte ich den Faden etwas ungeschickt und er fiel heraus. Da lag er nun auf dem Boden. Ich wollte ihn aufheben und wegwerfen, aber Marisol schrie: „Nein, nein, nein!"

Miguel bot an, einen neuen Faden einzuziehen. Ich wollte das aber nicht. „Lass uns abwarten. Wenn sich die Blase bis morgen wieder füllt, dann kannst du immer noch einen neuen Faden einziehen", und erneut bückte ich mich, um den Faden aufzuheben. Aber wieder hinderte mich Marisol daran, indem sie entsetzt „Nein, nein, nein" schrie. Langsam verstand ich, was in ihr vorging und schaute etwas verblüfft zu Encarna, die das Ganze bereits eine Weile amüsiert beobachtet hatte und mir nun mit verschmitztem Lächeln zunickte.

Ich wartete eine Weile, bückte mich erneut und wieder schrie Marisol: „Nein, nein, nein!" Da beugte ich mich zu ihr hinüber, legte ihr die Hand aufs Knie und sagte wie zu einer Kranken ganz ruhig und geduldig: „Hör zu, ich will den Faden nur aufheben, um ihn in den Müll zu werfen", und dabei konnte ich mich vor Lachen schon kaum noch halten. Sie war vollkommen perplex und dann brachen wir alle drei in lautes Lachen aus. Wir konnten uns kaum wieder beruhigen, die Lachtränen liefen über unsere Gesichter. Es war ausgesprochen ungebührlich, im Schlafsaal so einen Radau zu machen, aber wir konnten nicht anders. Es dauerte lange, bis wir uns wieder im Griff hatten und später genügte ein Blick, um uns erneut rausprusten zu lassen.

Marisol war völlig fertig. Sie hatte wirklich geglaubt, ich wollte den Faden wieder in die Blase stecken, was natürlich völlig unmöglich und daher unsinnig war. Es war köstlich. So ein Lachen kenne ich nur von zu Hause. Mit meiner Mutter konnte ich so lachen, mit meiner Schwester und meiner Nichte geht das – und mit meiner Freundin Rosa. Ja, mit ihr hatte ich ebenso herrlich albern sein können. Noch Tage später lachten Marisol, Encarna und ich über die Geschichte mit dem Faden. Wunderbar!

Später ging ich wieder in die Bar auf dem großen Platz. Ich setzte mich zu einem deutschen Paar, das mit dem Fahrrad unterwegs war. Beide aßen ein Menü, während ich mir noch eine kleine Tapa gönnte. Die Frau war recht nett, aber er war, wie sich herausstellte, ein besserwisserischer, engstirniger Christ, dem es äußerst missfiel, dass ich nicht aus religiösen Gründen nach Santiago unterwegs war und auf den speziellen Pilgersegen des Priesters in Roncesvalles gar keinen Wert gelegt hatte!

Ein junger Spanier hatte ein Pilgermenü für neun Euro bestellt. – Ein *Menü* besteht in Spanien immer aus zwei Gerichten = *dos platos*. Meist kann man wählen. Das erste Gericht *(primer plato)* der Pilgermenüs bestand entweder aus einer Portion Nudeln mit Tomatensoße, einem gemischten Salat, einer Portion **Tortilla** (das spanische Omelette mit Kartoffeln) **oder** einer Gemüsesuppe. Das zweite Gericht *(segundo plato)* war meist ein gebratenes Stück Rind- oder Schweinefleisch, eine Portion Gulasch **oder** eine gebratene Forelle **plus** *Patatas Fritas* (Pommes Frites). Dazu gab es wahlweise Wein **oder** Wasser und zum Schluss kam noch ein Nachtisch. Da konnte man oft zwischen Milchreis, einem Eis **oder** *Flan* (einer typischen Süßspeise aus im Wasserbad gestockten Eiern, Milch und karamelisiertem Zucker) wählen. –

Als das erste Gericht kam, köstlich duftende Spagetti, war die Portion so riesig, dass der junge Mann fragte, ob er es bei dem einen Gericht belassen könnte. „Natürlich", war die Antwort, aber man berechnete ihm schließlich dennoch das gesamte Menü. Er war echt sauer und erzählte allen davon. So gingen die meisten später zum Abendessen in die andere Bar. Auch ich holte mir dort ein köstliches und äußerst preisgünstiges *Bocadillo* – das spanische Baguette – belegt mit warmem Schicken und Käse. Ich aß die Hälfte und hob mir den Rest für das Frühstück am nächsten Morgen auf. In der Bar gab es Internet-Anschluss und ich schrieb ein paar Mails. Leider war die Tastatur dermaßen defekt, dass sie hakte und aussetzte – wirklich kein Vergnügen. Die freundliche Barfrau gab mir schließlich sogar mein Geld zurück.

Als das Chorsingen begann, war die Kirche schon ziemlich voll, aber ich fand noch einen recht guten Platz. Ich genoss eine Weile den Gesang, verließ das Wettsingen jedoch vorzeitig. Ich war müde, wollte noch gern ein paar Schritte laufen und ohne Menschen sein. Ich ging den Berg hinauf, der sich direkt hinter der Kirche erhob. Oben stand eine Ruine und ein Weg wand sich in Serpentinen hinauf. Es wurde immer windiger je höher ich kam und oben fing es an zu stürmen. Dieses Toben der Luft und der herrliche Ausblick nach allen Seiten waren wunderbar. Auf dem Rückweg fiel mir auf, wie arm der

Ort oberhalb der Kirche aussah. Auch die kleine Bar, in der man mir recht lieblos eine lauwarme Milch in einem nicht sehr sauberen Glas hinschob, wirkte heruntergekommen. Anscheinend befand sich der Reichtum von Navarette in der Unterstadt und um die Kirche herum, hier oben aber sprang einen die Armut regelrecht an, ebenso wie Missmut und Apathie.

Unser Hospitalero war mir nicht besonders sympathisch; er machte eine Herberge in einem der kommenden Orte schlecht. Auf keinen Fall sollten wir dort übernachten, es sei dreckig und völlig heruntergekommen usw. usw. Ich fand das nicht in Ordnung. „Wer sagt das denn?" fragte ich und: „Es könnte doch inzwischen schon längst anders sein". Ich hatte eine ungutes Gefühl und beschloss, nichts darauf zu geben.

Miguel, Marisol, Encarna und ich verabredeten, am nächsten Tag sehr früh loszugehen. Schon um halb sechs. Unbedingt. Auch sie wollten endlich einmal die kühlen Morgenstunden nutzen.

13. Tag
Montag, 4. Juli 2005
Navarette → Nájera → Azofra   **22 km**

Heute klingelte Encarnas Wecker besonders früh: um 4.30 Uhr! Ich blieb noch ein Weilchen liegen, denn die drei frühstückten immer bevor sie losgingen. Um 5.26 Uhr verließ ich die Herberge. Es war stockfinster. Die Straßenbeleuchtung sorgte für gute Sicht bis zum Ende des Ortes, und dort sah ich schon einige Pilger mit Taschenlampen die Pfeile suchen. Es war herrlich, so früh unterwegs zu sein. Um kurz vor sechs wurde es gewöhnlich langsam hell, aber heute war es anders. Auch Miguel, Marisol und Encarna, die mich inzwischen eingeholt hatten, bemerkten es: Der Himmel war bewölkt und es fing sogar an, ein wenig zu nieseln! Dafür waren wir nun alle so früh aufgebrochen. Es wurde ein trüber, wolkenverhangener, außerordentlich angenehmer Wandertag, ganz ohne Sonne überhaupt. Wir haben uns darüber ziemlich amüsiert – ausgerechnet der Tag, an dem die drei einmal ganz früh loswanderten, um die kühlen Morgenstunden zu nutzen, wurde insgesamt ein kühler Tag.

Encarna war Sängerin und auch Marisol hatte eine schöne Stimme. Die beiden Schwestern liebten es, hin und wieder beim Gehen zu singen und so begleiteten mich während wir die wunderschönen Weinberge von La Rioja durchwanderten ihre sanften Lieder.

Auf der Höhe von San Antón findet man zahllose kleine Steinhäufchen wie auf den Hochplateaus in Norwegen, wo man damit die Bergtrolle freundlich stimmen will. Ich wusste nicht, wer hier damit betört werden sollte, legte aber ebenfalls einen Stein hinzu. Vor Nájera kamen wir an einer Mauer vorbei, auf die jemand ein langes Gedicht über den Jakobsweg geschrieben hatte. Es begann mit den Worten: „Polvo, barro, sol y lluvia es Camino de Santiago ..." –Staub, Schlamm, Sonne und Regen – das ist der Weg nach Santiago ...–

In Nájera machten wir gemeinsam mit Philippe eine Pause. Wir setzten uns draußen hin, denn der Regen hatte aufgehört. Unterwegs hatte ich mir ein wenig von der rotbraunen Rioja-Erde in ein kleines Plastikbeutelchen abgefüllt, zur großen Verwunderung von Marisol und Encarna, die mich dabei beobachtet hatten. Nun holte ich einen identischen kleinen Plastikbeutel aus meiner Bauchtasche und streute den letzten Rest meines Caros in die heiße Milch. Marisols Augen wurden groß und größer, schließlich fing sie an zu lachen. Ich fiel in ihr Lachen ein und auch Encarna verstand, was vorging. Nur Miguel und Philippe begriffen nicht, warum wir drei Frauen schon wieder was zum Lachen hatten. Dann gesellte sich ein älterer Spanier zu uns, er fragte nach den Herbergen und dem Weg überhaupt. Miguel erzählte ihm, dass es in manchen Herbergen Extra-Schlafräume gab für „laute Schläfer", worin meist Männer untergebracht waren. „Ja, ja", sagte der Alte, „Frauen schnarchen ja nicht. Sie atmen. Meistens nach unten hinaus und nicht nach oben." Peinliche Stille, irritierte Blicke, dann lag Marisol laut prustend vor Lachen fast unter dem Tisch!

Später zeigte und erklärte mir Marisol das *Juego de la Oca*, denn hier, auf einem großen Platz, befindet sich das wohl größte *Gänsespiel* der Welt, bei dem es von einem spanischen Kloster zum anderen geht. Es handelt sich um ein sogenanntes Spirallaufspiel.

Die ältesten Spirallaufspiele wurden bereits um 3000 v. Chr. in ägyptischen Königsgräbern gefunden. Über Griechenland, Italien und Frankreich breitete sich diese Spielform ab dem 16. Jahrhundert in ganz Europa aus. Ich finde es interessant, dass die meisten aus der Blütezeit stammenden Gänsespiele genau 63 Felder umfassen. Entsprechend der antiken Zahlensymbolik gilt jedes siebte und neunte Jahr im menschlichen Leben als gefährdet. 63 Felder sind das Produkt aus 7 x 9. Ebenso eigenartig ist, dass man in den meisten Gänsespielen immer den gleichen Überraschungen begegnet. Bei fast allen Gänsespielen läuft die Spirale von außen in einer Drehung von rechts nach links nach innen. Die Spirale wird als Spiegelbild des menschlichen Lebens gesehen, in dem unser Leben ebenfalls von Gefahren, Zufällen, glücklichen Ereignissen, Fortschritten, Rückschlägen und schließlich vom Tod bestimmt wird. Auch gilt die Spirale seit uralten Zeiten als Abbild der Zeit und ihrer Unendlichkeit, weshalb sie in vielen Zivilisationen auch als Zeichen der Unsterblichkeit gewertet wird. Im Laufe der letzten Jahrzehnte wandelte sich die Bedeutung des Spiels zunehmend, und heute ist es vor allem als ein Spiel für Kinder bekannt und beliebt. Nichtsdestotrotz wird es von vielen direkt mit dem Jakobsweg in Beziehung gesetzt.

Die Stadt Nájera war, nachdem die Mauren 920 hier von den Christen vertrieben worden waren, lange Zeit eine bedeutende Residenz der navarrischen Könige. Und so findet man im Kloster Santa Maria la Real auch ein sehenswertes Pantheon, wo die Königskinder Navarras und später auch die von León und Kastilien ihre letzte Ruhe fanden. Miguel war an allem Geschichtlichen interessiert. Besonderes Vergnügen bereitete es ihm, wenn er Intrigen und Machenschaften der Könige verbunden mit der Kirche Spaniens aufdecken und hier und da Zeichen dieser Klüngelei entdecken konnte. Gemeinsam mit Marisol und Encarna aber liebte er vor allem das Schöne in der Kunst und bewunderte die handwerkliche Arbeit. Daher wollten die drei gerne das Kloster besichtigen. Leider war es geschlossen und so verließen wir Nájera wieder und waren bald erneut in den herrlichen Weinbergen von La Rioja.

Wie immer ließ ich alle vorauslaufen. Die Wege waren gesäumt von kleinen rankenden Trichterwinden. Meistens weiß, manchmal rosa. Miniaturausgaben der blauen Trichterwinde auf unserem Balkon, von denen mein Mann oft schrieb, dass sie wunderschön blühten. Auch hier blühten sie herrlich und waren mir eine Freude. Fast täglich gab es Augenblicke, in denen alles um mich herum zu glänzen schien. Jedesmal ein Fest.

●

Als ich in Azofra ankam, machte ich zunächst auf einer Bank eine kleine Pause. Auf der Bank daneben saßen drei Einheimische, die mich schnell in ein Gespräch verwickelten. Alte Männer, alle über siebzig und redselig heiter gestimmt. Einer bestand darauf, mir ein Gedicht vorzutragen, welches ich mir sogleich notierte:

Si caminas frente a mí,	Wenn du vor mir gehst,
Tal vez no pueda seguirte.	Kann ich dir vielleicht nicht folgen.
Si caminas atrás,	Wenn du hinter mir gehst,
Tal vez no pueda guiarte.	Kann ich dich vielleicht nicht führen.
Sé mi amigo:	Wisse mein Freund:
Camina a mi lado.	Geh an meiner Seite.

Plötzlich erschien eine ebenfalls ältere Frau und schimpfte mit den Männern wie man mit kleinen Jungen schimpft. Dann zeigte sie sich überrascht, ja fast erschrocken, dass ich allein wanderte. Wir sprachen eine Weile miteinander. Sie war noch nie in Santiago gewesen. Als junge Frau hätte sie daran kein Interesse gehabt, später hätten ihre Füße sie den weiten Weg nicht tragen können. Am Schluss unserer Unterhaltung schien sie doch Gefallen daran gefunden zu haben, dass eine Frau so unabhängig und selbstständig war. Schließlich verabschiedete sie mich mit reichen Segenswünschen.

In Azofra gab es eine neue Herberge mit ausschließlich Doppelzimmern! Welch ein Luxus. Ich fragte Encarna, ob sie mit mir ein Zimmer teilen wollte und erfreut willigte sie ein. Philippe und Eberhard teilten sich auch ein Zimmer.

Encarna nahm meine gesamte Wäsche und ließ sie mit in ihrer Maschine waschen. Nach meiner Siesta fand ich alles fein säuberlich zusammengelegt auf meinem Bett. Welch ein Superluxus! Endlich war auch einmal meine Hose gewaschen worden – mit einem 50-Euro-Schein darin!

Encarna und Marisol hatten eine ganz gute Taktik, sie wechselten nach dem Duschen in neue Kleidung, in der schliefen sie auch und machten sich morgens darin auf den Weg. Wenn sie dann in einer Herberge ankamen, duschten sie, wechselten wieder in frische Kleidung und wuschen die getragene. Auf diese Weise brauchten sie sich nie zur Nacht noch einmal umzuziehen und waren immer perfekt angezogen.

Nach einem gemeinsamen Einkauf spazierte ich noch ein wenig allein durch den kleinen Ort und ging in die Bar, um ein Bier zu trinken. Dort kam ich mit einem jungen Mädchen ins Gespräch, das anscheinend gerne meine Adresse wollte. So tauschten wir unsere Adressen aus, aber bis heute hat sie mir nicht geschrieben.

Am Abend machten Marisol, Encarna und ich zusammen einen üppigen Salat mit allem drum und dran: Tomaten, Gurke, Römersalat, Zwiebeln, Thunfisch, Schafskäse und gekochtem Schinken. Dazu gab es Muscheln, Käse, Brot, und Miguel öffnete einen guten Rioja-Wein. Miguel ist Chirurg und seit einigen Jahren arbeitet er einmal im Jahr unentgeltlich mehrere Monate in einem Flüchtlingscamp der Westsahara. Miguel liebt das Leben, und die Arbeit bei diesen von der Presse vergessenen Menschen gibt seinem Leben tieferen Sinn. Marisol engagiert sich aktiv für den Frieden. Zusammen mit *Ávalon*, einer Initiative für Friedenskultur, hatte sie vor, im Herbst einen interreligiösen Kongress in Sevilla auf die Beine zu stellen; davon erzählten sie jetzt voller Enthusiasmus. Es war spannend, den beiden zuzuhören und ich fühlte mich reich beschenkt, ihnen begegnet zu sein.

Die Herberge hatte eine komfortable und gut ausgestattete Küche, so dass viele Pilger und Pilgerinnen hier kochten und in dem großen hellen Aufenthaltsraum aßen. Es gab viel Gelächter und gemeinsame Unterhaltungen. Wir tauschten uns hauptsächlich über unsere täglichen Erfahrungen und Probleme aus und standen uns mit Rat und Tat zur Seite. Manche erzählten von ihrer Suche nach sich selbst, nach mehr Tiefe und Bedeutung in ihrem Leben, nach Sinn, nach Gott oder nach einer Antwort auf ganz bestimmte Lebensfragen. Sie hofften, beim Gehen auf diesem ganz besonderen Weg und wenn ihr Kopf frei wurde, Einsichten zu erhalten.

Für viele schien der Camino auch eine Möglichkeit zu sein, nette Leute kennenzulernen – auf einem gemeinsamen Weg zu einem gleichen Ziel. Für einige Pilger aus Amerika war der Jakobsweg nur eine (wenn auch ganz spezielle) Etappe auf einer größeren Europareise, auf der sie auf eine außergewöhnliche Weise diesen altehrwürdigen Kontinent erleben konnten. Fast alle aber genossen den besonderen Schutz, den der Jakobsweg bietet, ergötzten sich an der wunderschönen Landschaft und bewunderten die vielen prachtvollen Bauwerke, die allesamt verknüpft sind mit der spannenden Geschichte und den vielfältigen kulturellen Entwicklungen Europas.

Eine Kanadierin, die ich schon in Zubiri getroffen hatte, fragte mich, ob ich mit ihr nach San Millán kommen würde. Sie wollte sehr gern dorthin, aber das ging nur mit dem Taxi und sie suchte noch jemanden, um sich die Kosten zu teilen. Aber ich wollte keinen Umweg machen, um ein Kloster zu besichtigen, ich habe schon so viele gesehen. Vielleicht hätte ich mich anders entschieden, wenn ich daran gedacht hätte, das *Endrina* in diesem damals bedeutenden Kloster mehrere Wochen verbracht hatte. „San Millán war vor allem ein Ort der Wissenschaft, zu dem Gelehrte aus aller Welt kamen sowie Kalligraphen und Experten der Miniaturmalerei, um die Texte und die Illustrationen der berühmten alten Handschriften des Klosters zu kopieren."[2] In der Tat „war es in Spanien und ungefähr zu jener Zeit als man das erste Mal Papier benutzte, und es waren die Araber, die es über die spanischen Königreiche verbreiteten."[3]

Als ich schließlich im Bett lag, genoss ich es sehr, das Zimmer nur mit Encarna zu teilen, es war ein richtiges Hotel-Gefühl.

---

2   aus: Endrina und das Geheimnis der Pilger, Seite 119
3   Ebenda. (Übersetzung von mir.)

14. Tag
Dienstag, 5. Juli 2005
Azofra → Grañon → Redecilla del Camino **27 km**

Eigentlich sollten es heute 23 Kilometer bis Grañon werden, aber als wir dort ankamen, spürte ich sofort: Hier wollte ich nicht bleiben. Der Ort war zwar wirklich hübsch (eine kleine mittelalterliche Stadt mit einer großen, sehr imposanten Kathedrale) aber für meine Stimmungslage bereits zu groß, zu städtisch.

Der Platz, an dem wir ein Café fanden, wo wir draußen im Schatten sitzen konnten, war prachtvoll. Ich nutzte die Gelegenheit und bezahlte unbemerkt die Rechnung von Miguel, Marisol und Encarna. Endlich war es mir gelungen! Sie hatten es bisher nie zugelassen, dass ich mich an den Ausgaben beteiligte, auch nicht bei der Wäsche. Aber nun hatte ich es geschafft.

Die drei blieben und wir verabschiedeten uns. „Te veo muy fuerte, Evelin" –Du bist ganz schön stark, Evelin–, sagte Encarna zu mir. Dabei fühlte ich mich gar nicht so; ich wollte lediglich lieber in einen kleineren Ort, und der nächste war nur vier Kilometer entfernt. Also verließ ich die Provinz La Rioja und kam um 14 Uhr in Redecilla del Camino, Provinz Burgos, an. Das hieß: Ich war in Kastilien!

Redecilla ist nur ein winziges Dorf, hat aber ein neues, verhältnismäßig großes Touristenbüro, wo ich für 50 Cent eine halbe Stunde das Internet benutzen konnte! Gleich am Ortseingang begannen auf dem Boden zwei rötlich belegte Wege, der eine führte direkt in das Touristenbüro, der andere in die Calle Mayor, wo sich die Herberge befand. Sie lag gegenüber der hübschen Kirche der **Virgen de la Calle** *(Jungfrau vom Wege)*. Leider wurde diese gerade renoviert und roch innen ganz fürchterlich nach Farbe. Das kostbare romanische Taufbecken aus Stein aus dem 12. Jahrhundert war aber gut sichtbar ausgestellt und sehr beeindruckend.

Auf dem kleinen Platz am Ende der Hauptstraße befand sich ein Brunnen, der immer noch dem „Generalísimo" gewidmet war – dem faschistischen Diktator General Franco! Ich vermute, dieses Dorf ist politisch tief schwarz und hat daher unverhältnismäßig viel Geld. Allerdings befand ich mich nun auch in Kastilien, wo die Mehrheit traditionellerweise politisch rechts steht und viel Reichtum zu finden ist.

Der Herberge war eine Bar angeschlossen – oder war es umgekehrt? Auf jeden Fall suchte ich mir in einem fast noch leeren Zimmer ein Bett aus. Lediglich vorn am Fenster erkannte ich den tief schlafenden Eberhard. Es gab für die Pilger keine festen Preise. Alles, auch später das Abendessen im hinteren Raum der Bar, wurde auf Spendenbasis bezahlt. Als ich nach der Siesta erwachte, hatten sich noch fünf weitere Männer niedergelassen, so dass ich diese Nacht

69

schließlich als einzige Frau mit sechs Männern im Zimmer verbrachte! Irre, aber eigentlich gar nicht weiter erwähnenswert. Es war
vollkommen unwichtig. Die fünf waren mit dem Fahrrad unterwegs,
und zwei von ihnen sollte ich später noch einmal begegnen.

Die Ungarin, der ich in Puente la Reina das erste Mal begegnet
war, war auch hier. Sie las voller Begeisterung den *Da Vinci Code*
und versicherte mir, der Roman passe sehr gut zum Jakobsweg. Sie
sprach ein wirklich gutes Deutsch, was mich überraschte, denn in
Puente la Reina hatte sie nur geradebrecht. Leider war sie nicht weiter an einem Gespräch interessiert. Ich hätte gerne erfahren, was sie
auf den Camino geführt hat und wo sie losgelaufen war.

Das Abendessen nahm ich gemeinsam mit Eberhard ein. Er spen-
dierte eine Flasche Rotwein – leider war er von scheußlicher Qualität.
Ein Jammer, wo doch La Rioja um die Ecke lag. Aber das Essen war
gut, wenngleich die Portionen etwas klein ausfielen. So ermunterte
ich Eberhard, eine weitere Portion zu bestellen, als er nach dem
Menü immer noch Hunger hatte. Später machte ich wie gewöhnlich
noch allein eine kleine Runde und ging dann früh zu Bett.

15. Tag
Mittwoch, 6. Juli 2005

Redecilla del Camino →Tosantos	**19 km**
Tosantos → Burgos	**33 km**
Burgos → Tardajos	**9 km**

Heute war mein Ziel Villafranca Montes de Oca, das ungefähr
23 Kilometer entfernt war. Morgen dann zwanzig Kilometer bis Ata-
puerca und von dort würde ich mit dem Bus die letzten 14 Kilometer
nach Burgos hinein fahren. Von so vielen Pilgern hatte ich gehört,
dass der Weg nach Burgos hinein schrecklich sei, das wollte ich mir
unbedingt ersparen, außerdem wollte ich ohnehin ein paar Kilometer
überspringen. Allerdings würde mir dieser Plan noch keinen ganzen
Tag einsparen, dafür müsste ich länger fahren, aber das wollte ich
nicht. Gerade gestern hatte ich beschlossen, mit Ausnahme dieser
Busfahrt, nichts mehr zu überspringen.

In dem kleinen Dorf Tosantos kam ich gegen elf Uhr an und
brauchte dringend eine Pause. Das Hinweisschild zur nächsten Bar
führte mich vom Camino weg. Ich bog also rechts ab, die Bar lag auf
der anderen Seite der Landstraße außerhalb des Ortes. Hier bestellte
ich wie immer eine heiße Milch und zwei Madalenas und dann suchte
ich sofort die Toilette auf. Als ich zurückkam, stand Eberhard an der
Theke.

Die Milch war köstlich. Das erste und einzige Mal auf dieser Reise, dass es frische Milch gab, denn üblicherweise bekommt man in Spanien H-Milch angeboten. Ich bestellte sofort ein zweites Glas. Eberhard und ich unterhielten uns über den Weg bis Burgos. Bis Villafranca würde es von hier aus leicht aufwärts gehen. Trotz seiner schmerzenden Füße wollte Eberhard heute vielleicht bis San Juan de Ortega laufen, allerdings ging das ganz schön bergauf, und morgen bis Burgos waren ebenfalls einige Berge zu überwinden. In meinem Wanderführer war von „steilen Wegen bergauf und bergab" die Rede. Plötzlich wurde mir siedendheiß klar, dass dieser Weg morgen für mich mit meinen seit Tagen etwas schmerzenden Knien gefährlich sein könnte. Ich könnte sie mir womöglich so überanstrengen, dass ich überhaupt nicht mehr würde weitergehen können.

Als Eberhard weg war, fragte ich den Wirt nach einem Bus. Es käme erst wieder einer um 14 Uhr. Da beschloss ich zu trampen. „Wenn ein Auto innerhalb der nächsten dreißig Minuten hält, dann fahre ich, wenn nicht, dann laufe ich weiter," nahm ich mir vor. Es dauerte keine zehn Minuten, da hielt eins. Der Fahrer war Galicier und war auf dem Weg in seine Heimatstadt Vigo! „Nein, nein, ich will aber nicht bis Galicien fahren!" Er lachte: „Natürlich nicht, ich weiß, Sie wollen zu Fuß dorthin, aber ich bringe Sie bis Burgos." Und er setzte mich direkt vor der Kathedrale ab. Es war wie ein Wunder. 33 Kilometer in einer halben Stunde! Eigentlich hätte mich diese Strecke 1½ Tage gekostet. Nun stand ich in Burgos, es war viertel vor zwölf.

Jetzt begann eine Odyssee. Die Herberge, die in meinem Reiseführer erwähnt wurde, gab es nicht. Sie war immer noch nur ein Projekt. Ich ging zu der zweiten kleinen kirchlichen Herberge, aber sie war geschlossen. Hier kam ich das erste Mal mit Giovanni ins Gespräch, einem junger Italiener, dem ich noch öfter begegnen würde. „Una avería!" –Ein Rohrbruch– erklärte der Hospitalero und konnte nicht versprechen, ob dieser heute noch repariert werden könnte. Er schickte mich zur Herberge Emaús, gut einen Kilometer vom Zentrum entfernt. Ich ging los – zunächst leider fast einen Kilometer in die falsche Richtung. Als ich endlich ankam, war es halb eins, die Herberge würde aber erst um 15 Uhr öffnen!

Es war brütend heiß und ich fix und fertig. Kein Mensch war zu sehen, kein Geschäft, keine Bar weit und breit. Aber dann tauchte doch eine Frau auf, und tatsächlich gab es eine Bar ganz in der Nähe.

Goldene Muscheln weisen den Weg durch Burgos

Ich trank dort ein kleines Bier und aß einen Kartoffelsalat. Danach fühlte ich mich wieder fit und beschloss, zurück in die Stadt zu gehen, mir Burgos anzuschauen und anschließend zu verlassen. Ich überquerte also den Fluss Arlanzón, der Burgos in zwei Teile teilt, und erreichte die Altstadt und den Camino, wo *„goldene Muscheln"* den Weg wiesen. Schön war das.

Da es immer noch sehr heiß war, fragte ich in einem hübschen kleinen Hotel nach dem Preis – 45 Euro. Nein, das war mir zuviel. Also weiter.

Als ich am El-Cid-Denkmal vorbeikam, wurde mir bewusst, dass Burgos einst das Zentrum der kastilischen Könige war. Vor hier aus wurde eine Zeitlang die *Reconquista* geführt, die *Wiedereroberung Spaniens durch die Christen*. *El Cid,* eigentlich *Rodrigo Díaz de Vivar,* ein besonders treuer Ritter aus jener Zeit, avancierte in der Folge zum spanischen Nationalhelden. Sein Name *El Cid* ist aus dem arabischen *as-sayyid* bzw. volkssprachlich *sidi* „mein Herr" abgeleitet.

Seit dem frühen 8. Jahrhundert hatten sich muslimische Araber aus Nordafrika kommend in Spanien ausgebreitet und die christlichen Herrscher immer weiter in den Norden getrieben. 997 eroberten und zerstörten sie Santiago. Dies gilt für einige Historiker als der eigentliche Beginn der Reconquista, der christlichen Wiedereroberung Spaniens. Tatsächlich war dies wohl ein schwerer politischer Fehler der Mauren. Denn ihr Sieg am Grab des Apostels entfachte einen ungeheuren Zorn und Eifer der spanischen Christen. Jakob wurde zum Schutzheiligen ganz Spaniens erklärt und unter dem Namen *„Matamoros",* *Maurentöter,* in den Dienst der christlichen Vertreibung der Mauren aus Spanien gestellt. – Wieder einmal wurde der Apostel von der Kirche für etwas benutzt, womit er nichts zu tun hatte!

Die Wiedereroberung Spaniens (bzw. die Vertreibung der Araber durch die Christen) fand am 2. Januar 1492 ihren endgültigen Abschluss, nämlich als der letzte muslimische Herrscher **Boabdil** den siegreichen, später so genannten **Katholischen Königen** Isabella von Kastilien und Ferdinand von Aragón die Schlüssel seiner Stadt kampflos übergab. Kampflos deshalb, weil Boabdil sein geliebtes Granada und vor allem die herrliche Alhambra nicht zerstört haben wollte. Bis heute bewundern wir den Kunstreichtum dieser maurischen Palast-Anlage, und sie ist nach dem Vatikan die meistbesuchte Sehenswürdigkeit der Welt.

●

Burgos ist eine imposante Stadt, und die gigantische gotische Kathedrale ist einzigartig in ihrer Größe und Pracht. Man begann ihren Bau 1221 und vollendete sie 1567. Architekten, Baumeister, Zimmerleute und Steinmetze aus Frankreich, Kastilien, Galicien, León sowie Meister maurischer Herkunft haben an diesem Bauwerk gearbeitet. 1984 wurde sie als einzige spanische Kathedrale zum Weltkulturerbe erklärt.

Als ich nun heute zum wieder-holten Male an ihr vorüberkam, traf ich Claudia, eine junge Berlinerin aus Friedrichshain. Sie war vor einer Stunde in Burgos angekommen und froh, mich zu tref-fen, weil sie sich als Pilgerin noch orientieren musste. Auch sie wollte Burgos verlassen.

Teil der Kathedrale

Wir folgten nun gemeinsam den goldenen Muscheln und gelben Pfeilen und kamen schließlich wieder an den Fluss, überquerten ihn und liefen an der neuen großen Pilgerherberge vorbei, die aus vielen kleinen Holzhäuschen besteht. Sie liegt etwa zwei Kilometer vom Zentrum entfernt, und ich spürte noch einmal ganz deutlich, dass ich auf keinen Fall bleiben wollte. Claudia und ich verließen also Burgos und liefen noch neun Kilometer bis Tardajos.

Der Hospitalero hier war zwar etwas redselig, aber außerordent-lich freundlich. Die Herberge gehört den **Madrider Freunden des Jakobswegs**[4] und ich hatte später die Vermutung, dass sie aus diesem Grund bei den Einheimischen gar nicht beliebt war und sich diese Abneigung auch auf ihr Verhalten den Pilgern gegenüber aus-wirkte. – Lediglich die Frauen in der Apotheke waren zuvorkommend und hilfsbereit, dort kaufte ich mir für mein Knie einen Stützstrumpf.

Ich musste an *Endrina* denken. Sie war in Tardajos ebenfalls auf viel Unfreundlichkeit gestoßen, ja sie hatte eine Hölle erlebt. Ein Weggefährte und Freund wurde zu Unrecht beschuldigt, etwas gestohlen zu haben und da er Maure war, hängte man ihn kurzer-hand auf!

---

4   Es gibt „Freunde des Jakobswegs" in fast allen Städten Spaniens und in vielen Ländern Europas.

Sollte ich diesen Weg wiederholen, würde ich auf jeden Fall zwei Kilometer weiter bis Rabé de las Calzadas gehen. Dort wirkten die Menschen am kommenden Tag viel aufgeschlossener. Hier in Tardajos dagegen waren die Leute in beiden Bars so unfreundlich, dass ich später Claudia und einem etwas älteren deutschen Pilger vorschlug, zusammen einzukaufen und einen Salat zu machen, anstatt dort zu Abend zu essen.

Der Hospitalero stellte uns das nötige Geschirr zur Verfügung, und wir konnten draußen vor der Herberge gemütlich essen. Allerdings wurde es empfindlich kalt, als die Sonne langsam verschwand und wir im Schatten saßen.

Der Deutsche war seit Februar 2003 (!) unterwegs. Er mochte vielleicht Anfang sechzig sein und nachdem seine Ehe zerbrochen war, hatte er sich auf den Weg gemacht. Inzwischen war er bereits mehrmals nach Santiago de Compostela und wieder zurückgelaufen, einmal sogar über die Mittelmeerküste und dann den **Silberweg** von Sevilla hoch. Nun befand er sich gerade wieder auf dem Heimweg und wollte anschließend noch einmal nach Santiago zurückkommen, ein letztes Mal, wie er meinte. Ich wünschte ihm zum Abschied, dass er bald endlich irgendwo ankommen möge.

Später kam ich mit Jöran aus Schweden ins Gespräch, der mit der Portugiesin Elena unterwegs war. Jöran beherrschte viele Sprachen und war ein großer, blonder Riese. Elena sprach leider nur Portugiesisch. Sie wirkte scheu und mir blieb ein Rätsel, wie die beiden, die kein Paar waren und so unterschiedlich in ihrer Art, anscheinend harmonisch miteinander reisten.

Diese Herberge war ziemlich eng und ein bisschen schmuddelig, auf jeden Fall war sie eine der ältesten, in denen ich übernachtet habe. Die Doppelstockbetten waren nicht sehr lang und auch recht niedrig, mehrmals stieß ich mir den Kopf. Alles in allem wäre Rabé de las Calzadas wohl die bessere Wahl gewesen; der Ort wirkte so viel freundlicher und einige Bewohner, die am frühen Morgen schon unterwegs waren, grüßten mich lächelnd und wünschten mir einen guten Weg.

16. Tag
Donnerstag, 7. Juli 2005
Tardajos→Rabé de las Calzadas
→Hornillo del Camino→Sambol→Hontanas   20,5 km

Nach Burgos hatte sich die Landschaft deutlich verändert; sie war nicht mehr so grün. Ich hatte die Meseta, das spanische Hochplateau, das ungefähr 900 Meter über dem Meeresspiegel liegt, fast erreicht. Es fehlte nur ein Anstieg, bei dem es galt, 150 Höhenmeter zu bewältigen.

Meine Kniestütze leistete mir dabei gute Dienste. Oben kamen einige Frauen aus Bayern dahergeradelt. Sie machten eine der geführten Touren, bei denen das Gepäck voraustransportiert wurde. Manche Strecken fuhren sie auch gänzlich mit dem Bus, aber heute war diese Tour eine echte Herausforderung, denn ein ziemlich steiler Weg hier herauf lag hinter ihnen und ein recht abschüssiger Weg voller Geröll vor ihnen.

Hier oben kam ich kurz mit einer Dänin ins Gespräch, die mit ihrem vielleicht 19-jährigen Sohn unterwegs war. Sie musste in meinem Alter sein und ihr Sohn erinnerte mich an meinen eigenen, so dass ich gerne mehr von ihnen erfahren hätte, besonders, was beide zusammen hierher geführt hatte.

Der Weg nach Hontanas war faszinierend. Man konnte kilometerweit sehen, aber da der Ort in einer Senke liegt, erblickt man ihn erst unmittelbar bevor man da ist!

Heute früh hatte ich mich das erste und einzige Mal darauf eingelassen, mit jemandem zusammen aufzubrechen: Claudia hatte mich am Vorabend gebeten, sie zu wecken und wir verließen am Morgen gemeinsam Tardajos. Claudia war eine große, schlanke, kräftige junge Frau, die viel schneller laufen konnte als ich, aber sie wollte gern noch einmal eine Weile meine Begleitung. Sie mochte mit dem Tempo nicht gleich übertreiben, sondern sich vielmehr ganz bewusst ein bisschen zurücknehmen. So passte sie sich meinem Rhythmus an, später aber trennten wir uns doch. In Hornillo del Camino trafen wir uns wieder und machten zusammen eine Pause. Am Nebentisch saß die Dänin mit ihrem Sohn. Claudia hatte sich inzwischen „eingelaufen" und fühlte sich schon ganz sicher als Pilgerin, eine Muschel jedoch wollte sie sich erst später zulegen. Nachdem wir uns hier voneinander verabschiedet hatten, trafen wir uns Tage später in Astorga noch einmal wieder.

Die letzten Kilometer vor Hontanas schienen endlos. Ich traf erneut die Dänin und ihren Sohn und sie erzählten mir, dass sie gestern in Burgos ihren Camino begonnen hatten. Der junge Mann wirkte bereits vollkommen erschöpft und beide kamen nur noch langsam voran. Hontanas war einfach nicht zu sehen, dabei müssten wir bald da sein. Als ich endlich das Dorf erblickte, schaute ich zurück, winkte und rief ihnen jubelnd zu: „Hier ist es!".

Mein Blick fiel sofort auf *El Puntido*, eine schöne private Herberge, aber ich ging zunächst in das kleine Hostal des Ortes und fragte nach dem Zimmerpreis. 35 Euro waren mir zuviel und so ging ich weiter zur staatlichen Herberge, wo ich schon von weitem Leute draußen vor der Tür auf einer rustikalen Holzbank sitzen sah, die bei einem gemütlichen Schwätzchen ihre Füße badeten. Es war ein sehr schönes, renoviertes altes Gebäude, die Zimmer lagen aber leider in der 1. Etage, und ich fand auch nur noch ein Bett oben. Es war drückend heiß hier drin – ebenso wie draußen. Irgendjemand sagte mir, es gäbe noch ein weiteres Haus, darum schleppte ich mich (und natürlich meinen Rucksack) wieder hinunter und fragte danach. Die Hospitalera führte mich hin. Schon auf dem Weg merkte ich, dass ich da gar nicht hinlaufen wollte. Der Weg führte weg von der Dorfstraße, und obwohl es nicht wirklich weit war, kam es mir ewig vor. Dann stand ich allein in einem riesigen Raum, einst wohl die Schule oder Turnhalle einer Schule, mit Metallbetten ausgestattet und einer extrem stickigen Luft. Du meine Güte nein, hier wollte ich auf gar keinen Fall bleiben. Ich nahm all meine Kraft und vor allem meinen Mut zusammen und ging wieder zurück. Es war mir sehr peinlich, aber ich kannte solche Situationen und wusste genau, hinterher würde ich froh sein, wenn ich auf „Auszug" bestünde. Die Hospitalera dachte bestimmt, ich sei verrückt, aber das war mir gleichgültig. Sie gab mir die sechs Euro zurück und ich war „entlassen".

Sofort machte ich mich nun auf den Weg zurück zu *El Puntido*. Sie war innen genauso schön wie von außen, neu restauriert, großzügig eingerichtet. Und herrliche Duschen und Toiletten erwarteten mich. Ich suchte mir ein Bett in einem noch komplett leeren Raum aus. So war ich glücklich in der Herberge gelandet, auf die ich von Anfang an ein Auge geworfen hatte! Später kamen auch noch Jöran und Elena. Marianne, eine junge Frau aus Österreich, hatte das Bett über mir, und dann erschienen – ich konnte es kaum fassen – Michael, J.J. und Jill!!!!
Sie waren zwei Nächte in Burgos geblieben, hatten sich ganz in Ruhe die Stadt angesehen und Einkäufe getätigt. Nun hatten sie mich eingeholt. Wunderbar, es war wie ein Fest. Fast so als hätte ich meine verlorene Familie wieder gefunden. Abends aßen wir alle an einer riesigen Tafel. Neben mir saß Vera, eine Pilgerin aus Deutschland oder Österreich. Agnes und ihre Freundin Adela aus Tschechien waren dabei und zwei junge Männer aus Irland sowie die Australierin Maja, die ich aus Estella kannte. Dort hatte sie den *Reiki*-Brasilianer

umgarnt und nun hängte sie sich an die beiden jungen Iren. Mir war sie ein wenig unsympathisch, denn ich hatte das Gefühl, sie lasse sich von allen einladen. Tatsächlich aber war sie immer freundlich und sehr hilfsbereit. Ein paar Tage später, in Calzadilla de la Cueza massierte sie mich und ohne sie hätte ich wahrscheinlich von dort gar nicht weiterlaufen können.

Die dänische Mutter und ihr Sohn saßen am Nebentisch, allein – wir kannten uns da ja auch noch nicht wirklich gut. Erst am nächsten Tag lernten wir uns etwas näher kennen.

Am Abend rief mich mein Ex-Mann an. Wo ich denn sei, und wann ich in Burgos ankäme, wollte er wissen. Er sei gerade dort und ich könne bei ihm übernachten! Tja, das sollte wohl nicht sein. Die ganze Zeit hatte ich schon das Gefühl, der Camino hätte etwas von einem Lebensweg, meinem Lebensweg an sich. Der Start in Frankreich war mit meiner Kindheit vergleichbar und die Leute, denen ich dort begegnet war und mit denen ich die Wanderung angetreten hatte, waren so etwas wie meine Ursprungsfamilie. In Puente la Reina hatte ich mich auf eigene Füße gestellt, meine Familie sozusagen verlassen und neue Menschen, Freunde kennengelernt. Mein Ex-Mann hatte mit meinem Lebensweg JETZT eben nichts mehr zu tun, nur noch peripher, genauso wie es sich nun darstellte, als Teil meiner Vergangenheit, mit dem ich durchaus noch verbunden war, aber ohne Bedeutung für meine Gegenwart und Zukunft. Ich hatte das Gefühl, nun zu wissen, warum ich getrampt war ... einmal abgesehen von der Tatsache, dass ich dort Claudia getroffen und ihr den Einstieg in ihre Pilgerschaft erleichtert hatte.

Nach dem Abendessen erfuhren wir durch die Nachrichten von dem Londoner Bombenattentat! Am diesem Morgen waren in der Londoner Innenstadt vier Bomben explodiert, drei in der U-Bahn, eine in einem Bus. 36 Briten und 16 Menschen aus Bangladesh, Frankreich, Ghana, Grenada, Irland, Mauretanien, Neuseeland, Nigeria und Polen starben. 732 Menschen wurden verletzt.

Wir waren alle bedrückt. Die Welt da draußen blieb eben nicht stehen. Nur weil wir hier so wunderbare Erfahrungen machten, menschlich und von den vielen herrlichen Eindrücken der Natur rings um uns herum, hörten die Gräueltaten fanatischer Menschen nicht auf. Und natürlich auch nicht die Tatsache, dass es ungerecht zugeht auf unserer Erde. Dass die Reichen immer reicher und die Armen immer ärmer werden; dass die Verteilung der Güter nicht so betrieben wird, dass alle gleichermaßen davon profitieren. Dass viele ausgeschlossen bleiben von einem Leben, in dem wenigstens die Grundbedürfnisse befriedigt werden. Es ist ein Jammer.

Das Leben ist so wunderschön, und wir könnten uns alle so gut vertragen, wenn wir uns auf das Wesentliche beschränkten. Was braucht der Mensch denn schon? Ein Dach über dem Kopf, Essen, Trinken, Wasser, um die Wäsche zu waschen, ein Lächeln, ein wenig Freundlichkeit, mal eine Umarmung. Das stundenlange Laufen durch die Natur hatte mich erkennen lassen, dass die Welt im Grunde perfekt ist. Es ist alles da. Es gibt auch genug Platz für alle und überhaupt keinen Grund zu streiten.

Werden wir Menschen das irgendwann doch noch lernen oder werden die Profitgier und die Maßlosigkeit einiger weniger unsere Erde zerstören?

17. Tag
Freitag, 8. Juli 2005
Hontanas→Klosterruine San Antón
→Ermita San Nicolás→Itero de la Vega   **20 km**

In der Klosterruine San Antón machte ich eine kleine Pause. Entgegen der Beschreibung im Reiseführer gab es hier inzwischen eine richtige Toilette und man verkaufte Postkarten und andere Souvenirs. Ein schöner Ort zum Übernachten.

Aber ich hatte vor, in der Ermita San Nicolás zu bleiben. Leider kam ich dort viel zu früh an. Hier sollte abends zusammen gekocht werden und jedem Pilger würde vor dem Essen symbolisch ein Fuß gewaschen. Das alles hätte ich gerne miterlebt, aber ich entschloss mich weiterzugehen. Viele Pilger wuschen sich in Schüsseln die Füße, und es gab auch Toiletten und Duschen – wiederum entgegen der Angaben im Reiseführer. Hier sah ich das erste Mal die Kanadierin mit dem Riesenrucksack. Sie hatte viel zuviel Gepäck dabei und sah aus, als würde sie jeden Augenblick zusammenbrechen. Ein älterer Spanier hatte sie unter seine Fittiche genommen und ich glaube, ohne ihn wäre sie gar nicht so weit gekommen. Man gab ihr den Rat, Sachen, auf die sie verzichten konnte, nach Santiago zu schicken – weil das natürlich billiger ist als nach Kanada.

Kurz vor Itero de la Vega stieß ich erneut auf Jill, J.J. und Michael. Es war brüllend heiß und mir fiel sofort die Herberge *La Posada* auf, von der wir kurz vorher einen kleinen Zettel von einem Mann aus einem Auto heraus zugesteckt bekommen hatten. Aber die drei waren auf der Suche nach der staatlichen Herberge. Es war ein Gebäude an einem kleinen Platz und entpuppte sich als ein großer Raum mit zwanzig Betten darin – Betten, keine Doppelstockbetten. Das war toll. Trotzdem fühlte ich mich nicht richtig wohl und ließ mich zögerlich gleich vorn in der Nähe der Tür nieder. Jill, J.J. und Michael suchten sich drei Betten hinten in einer Ecke aus. Ich merkte, dass ich unschlüssig war, ob ich überhaupt hier bleiben wollte.

Am liebsten hätte ich mich einfach nur ausgeruht. Man musste sich auch erst mal gar nicht eintragen oder bezahlen. Ich lag also eine Weile auf meinem Schlafsack und nachdem ich mich etwas erholt hatte, beobachte ich Jill, J.J. und Michael. Sie ließen sich häuslich nieder, soviel war klar. Die Luft war stickig und wenn es hier voll würde ... Ach, ich weiß gar nicht, ob ich wirklich soviel nachgedacht habe, plötzlich stand ich auf, stopfte meinen Schlafsack in meinen Rucksack zurück und verließ die Herberge und meine überraschten kanadischen Freunde. Am liebsten wäre ich weitergelaufen – nach Boadilla del Camino. Dort sollte es eine Herberge mit Swimming Pool geben, und ich machte mich auch schon auf den Weg hinaus aus Itero de la Vega. Aber es waren noch acht (!) Kilometer, das hieß für mich: mindestens zwei Stunden, und ich war doch ganz schön müde, die Hitze außerdem enorm. Unschlüssig blieb ich stehen. Wo war *La Posada* gewesen? Am Eingang des Dorfes. Ich ging zurück. *La Posada* war sehr angenehm, die Luft in den Räumen war frisch – und man konnte kostenlos ins Internet.

Ein junger Japaner, der recht gut Spanisch sprach, war bereits im Zimmer. Er schien wirklich nett zu sein, aber irgendwie hatte er einen Knall. Er war als erster im Raum gewesen, hatte sich das Bett direkt am Fenster ausgesucht und schloss es dann einschließlich der Fensterläden, so dass es stockfinster war!

Abends setzte ich mich zur Dänin und ihrem Sohn, und gemeinsam genossen wir das vorzügliche Essen. Der frische Fisch war köstlich und auch alles andere war liebevoll und schmackhaft zubereitet. Die beiden hatten sich hier ein Doppelzimmer mieten können und waren glücklich über diesen Luxus. Da sie erst seit zwei Tagen unterwegs waren, hatten sie noch viel mit der Eingewöhnung zu tun, aber beide machten einen sehr zufriedenen Eindruck. Viel mehr erfuhr ich nicht von ihnen.

Es war wie sonst auch, wir sprachen von den Strapazen und Freuden des Wanderns. Darüberhinaus respektierten wir uns so wie wir waren, ohne in den anderen einzudringen und zu erfragen, was er nicht von selbst preiszugeben bereit war. Leider kamen Jill, J.J. und Michael sehr spät; es gab keinen frischen Fisch mehr, und sie wurden mit Tiefkühlkost versorgt. So fiel ihr Abendessen eher bescheiden aus.

18. Tag
Samstag, 9. Juli 2005
Itero de la Vega → Boadilla del Camino
→ Fromista → Villalcazar de Sirga   **28 km**

Aufgrund der geschlossenen Fensterläden konnte ich morgens überhaupt nichts sehen – meine Taschenlampe hatte ich ja in Puente la Reina liegen gelassen! – So trug ich meine Sachen in die Diele und packte dort alles ein. Auch andere Pilger bereiteten hier ihren Aufbruch vor. Als ich fertig war, waren auch die Schwedin und der Australier in meinem Zimmer erwacht und hatten ganz einfach das Licht angemacht! Ich bedankte mich bei ihr für die Möglichkeit, mein Handy aufzuladen, schaute nochmal unters Bett (nur zur Sicherheit) und brach auf. Die Schwedin war Psychologin. Sie hatte mir am Vortag erzählt, dass für **sie** der Weg hinein nach Burgos eine Art Prüfung dargestellt habe. Es wäre so schrecklich gewesen, „so laut und heiß und staubig und hässlich", und sie hätte versucht, gelassen und heiter zu bleiben. Das war ihr gelungen. Aus diesem Grunde, meinte sie, hätte sie auf genau diese Wegstrecke nicht verzichten wollen.

Als ich die Herberge verließ, war es noch sehr früh und dunkel. Genauso wie ich es liebte. Ich ließ das Dorf hinter mir, langsam wurde es dämmrig und ich fühlte mich glücklich. Tatsächlich führte der Weg in Boadilla del Camino direkt an der Herberge vorbei. Sehnsüchtig blickte ich auf den Swimming Pool. Ach, wäre ich doch gestern bis hierher gelaufen! Es sah paradiesisch aus.

Bald gabelte sich der Camino und es gab zwei mögliche Wege. Ich entschied mich für den abgeschiedeneren, etwas längeren – und er war ein Traum. Schon oft haben mich Vögel begleitet, besonders am frühen Morgen. Aber hier gab es außerordentlich schöne, große, schwarz-weiße Vögel, Sittichen ähnlich, die immer ein paar Meter vor mir herflatterten und dann zu warten schienen. Stundenlang. Der

Weg führte an einem kleinen Flüsschen entlang. Die Hitze wurde durch leichten Schatten etwas abgemildert und es herrschte eine himmlische Ruhe. Nur das Zirpen von Grillen, Vogelgezwitscher und das sanfte Plätschern des Flusses waren zu hören. Ich sah ein kleines Wiesel, oder was mag es gewesen sein? Es hatte einen Skorpion gejagt. Ich saß gerade am Wegrand und machte eine Pause. Meine Anwesenheit erschreckte das kleine Tier, es ließ seine Beute fallen und flüchtete. Der Skorpion starb vor meinen Augen. Vorsichtig ging ich an ihm vorbei. Der kleine Räuber wird ihn sich sicherlich noch geholt haben.

Stunden später stieß der Weg auf eine Landstraße. Auf der anderen Seite erhob sich ein prachtvolles Gebäude – ein Herrschafts-haus, ein Kloster? Es war verschlossen. Ich musste rechts die heiße, schattenlose Landstraße noch etwa zwei Kilometer weiter entlang-laufen und kam schließlich ziemlich erschöpft in Villalcazar de Sirga an. Die Herberge befand sich im Rathaus. Gegenüber stand eine große, außergewöhnlich imposante Kirche. Dazwischen, auf einem kleinen Platz, lag Giovanni auf einer Bank. Nachdem er mir in Burgos begegnet war, hatte ich ihn mehrmals unterwegs getroffen, wir wechselten zwar immer nur ein paar Worte, aber er war ein munterer Typ und wir lachten viel miteinander. Er sprach nur Italienisch und so war unsere Konversation meist eine lustige Angelegenheit mit vielen Missverständnissen. Giovanni lief stets langsam und sehr ausdau-ernd, machte kaum eine Pause und betete während des Gehens ununterbrochen einen Rosenkranz. Jetzt ging ich zu ihm. Er strahlte mich an und erklärte mir, er würde hier warten, die Herberge sei noch zu. Ach, die Herberge war noch zu? Na dann konnte ich mich ja auch setzen. Wir verständigten uns wie immer mehr schlecht als recht und lachten ständig über irgendwelche Irrtümer. Kurz spielte ich mit dem Gedanken, mit ihm weiterzulaufen. Es war wie am Vortag. Eigentlich wäre ich gern bis Carrión de los Condes gegangen, aber sechs Kilo-meter waren noch ganz schön viele. Schließlich sah ich Leute die Herberge betreten. Es stellte sich heraus, dass sie doch bereits geöff-net hatte, denn Giovanni wartete nicht auf das Öffnen der Herberge, er wartete auf das Öffnen der Kirche!

Die Kirche *Santa María la Blanca* ist eine der berühmtesten Bauten am Jakobsweg und tatsächlich beeindruckend. Sie stammt aus dem 13. Jahrhundert, zeigt den Übergang von der Romanik zur Gotik und ist eigentlich der Rest eines Klosters des Templerordens. Die reich geschmückte Fassade, die sich unter einer riesigen Vorhalle befindet, ist atemberaubend schön. Giovanni wollte zur *Weißen Maria* beten. Sie ist eine der beliebtesten Marienfiguren des Jakobsweges, und nachdem im Mittelalter von Wunderheilungen durch sie berichtet worden war, hatte man den Weg kurzerhand hierher umgeleitet.

Santa Maria la Blanca

Aber du meine Güte, nein, auf das Öffnen der Kirche wollte ich nicht warten. Ich wollte überhaupt nicht mehr warten, ich wollte duschen und schlafen. Also verabschiedeten wir uns lachend.

Es war eine kleine, recht einfache Herberge, die von zwei engagierten Hospitaleros betreut wurde. Jill, J.J. und Michael waren bereits da. Tatsächlich ergatterte ich das vorletzte Bett, oben! Später kamen noch mehr Pilger. Fünf wurden auf Matratzen auf dem Boden untergebracht – unter ihnen auch Maja. Alle noch später eintreffenden Pilger wurden weggeschickt und mussten weiterwandern. Nach der Siesta ging ich mit Jill, Michael und J.J. hinaus. Draußen waren Himmel und Menschen unterwegs! Alle warteten auf ein Brautpaar, denn es sollte eine Hochzeit stattfinden.

So war es ja ohnehin meistens: Wenn ich ankam, war es Mittag und jeder Ort wirkte tot, wie ausgestorben, nur die Sonnenglut beherrschte die Straßen. Später dann, so ab fünf, belebte sich jedes noch so kleine Dorf, die Menschen kamen aus ihren Häusern, die Plätze und Gassen füllten sich. Hier war es nun extrem. Hunderte standen herum – und warteten. Trotz der fortgeschrittenen Stunde, war es immer noch ziemlich heiß. Endlich erschienen Braut und Bräutigam, und unter großem Jubel gingen sie in die Kirche.

Wir entdeckten eine Bar und einen offenen Laden. Die Bar befand sich am Ende der Hauptstraße und war etwas muffig und dunkel. Hier hätte man abends essen können, ja, es gäbe auch ein Pilgermenü – doch es wirkte nicht gerade verlockend. Die beiden Restaurants am Hauptplatz waren geschlossen. In dem einen sollte die Hochzeitsfeier stattfinden: Geschlossene Gesellschaft. Ein Kellner aus dem anderen Restaurant versicherte uns aber, dieses hätte ab acht Uhr geöffnet und wir bekämen dort auch ein Pilgermenü. Na bitte. Gerettet.

Wir verbrachten die Zeit bis dahin mehr oder weniger wartend, zunächst darauf, dass das Brautpaar wieder die Kirche verließ, dann auf das Feuerwerk, dann auf den Bonbon-Regen und schließlich auf das Öffnen des Restaurants. Wir mussten lange warten, denn erst um 20.30 Uhr gingen die Türen endlich auf, und nun teilte man uns ziemlich unfreundlich mit, auch hier sei heute „Geschlossene Gesellschaft"! Nun war es mal wieder gut, das ich Spanisch konnte. So beschwerte ich mich mit weiteren fünf oder sechs wütend schauenden Pilgern hinter mir, die meine Worte nickend bestätigten. Wir hätten gefragt und man hätte uns versichert, ab acht Uhr gäbe es ein Pilgermenü für uns. Nun sei es bereits halb neun, wohin sollten wir denn nun gehen? Schließlich wies man uns Plätze zu und es gab ein köstliches, wenn auch etwas teures Pilgermenü. Wir waren erschöpft, müde, aber letztlich überaus zufrieden. Ich schlief in dieser Nacht wie ein Stein.

19. Tag
Sonntag, 10. Juli 2005
Villalcázar de Sirga → Carrión de los Condes
→ Calzadilla de la Cueza **23 km**

Der Weg nach Carrión de los Condes war leicht, es ging immer flach an der Landstraße entlang auf einem kleinen, extra für die Pilger angelegten Pfad. Wieder dachte ich, ich hätte ihn schon am Vortag gehen sollen. Dieser Gedanke verstärkte sich, als ich Carrión sah: eine wunderschöne, nicht sehr große Stadt, direkt an einem Fluss gelegen, inmitten einer herrlichen Landschaft. Schade.

Kurz vor Carrión kam mir eine Nonne entgegen. Sie machte ihren Morgenspaziergang und ging nun mit mir zusammen wieder zurück. Sie lebte in einem Kloster, das seit zwei Jahren auch Herberge für Jakobspilger war. Wie gerne wäre ich geblieben, aber es war einfach viel zu früh. So verabschiedeten wir uns vor der großen Kreuzung, sie bog nach links, ich überquerte den Platz und machte eine Pause in der bereits geöffneten Konditorei – bei Törtchen und heißer Milch. Heute war San Fermín und im Fernsehen wurde live aus Pamplona der Stierlauf übertragen. Hier gab es auch Internet, und so kam es, dass ich bereits morgens um halb neun eine Mail an meinen Mann schrieb. Auch von ihm war eine da: Es lagen nun noch drei anstrengende Arbeitstage vor ihm, ab Donnerstag würde er dann aber frei haben und am Freitag ging seine große Reise los – nach Tibet.

Später, kurz vor Calzadilla de la Cueza, bekam ich einen furchtbaren Krampf im Oberschenkel. Ich hatte mich auf meinen Rucksack gesetzt, um eine kleine Pause zu machen. Ein Amerikaner kam vorbei, lächelte mir zu und sagte aufmunternd: „It's not far anymore!" – Es ist nicht mehr weit!– Wir seien bald da, versicherte er und bemerkte, dies sei ohnehin die anstrengendste Strecke des ganzen Jakobsweges, er würde sie schon zum dritten Male laufen. „Warum?", fragte ich ihn, wenn er doch wüsste, wie anstrengend sie sei. „Ach", meinte er, „wenn man weiß, was kommt, ist es nicht mehr so schlimm." Und fort war er, denn etwa 50 Meter weiter ging es bergab. Als ich aufstehen wollte, merkte ich, dass ich keine Kraft hatte, um mich hochzustemmen. Es gab nichts, worauf ich mich abstützen oder woran ich mich hätte hochziehen können. Mit einer riesigen Anstrengung gelang es mir und dann passierte es: Mein Oberschenkelmuskel krampfte sich zusammen. Ich fasste erschrocken hin und erfühlte über dem Knie ein Hühnerei! Tatsächlich, der Muskel hatte sich im wahrsten Sinne des Wortes zusammengerollt. Ich bekam Panik. Rubbelte und rieb und drückte auf dem Ei herum. Ganz langsam entkrampfte sich der Muskel, der Schmerz ließ etwas nach, aber das Ei blieb und nur ganz allmählich wurde es ein wenig flacher. Ich konnte kaum auftreten. Irgendwie hievte ich mir aber trotzdem den Rucksack auf den Rücken und humpelte los.

Inständig hoffte ich, dass der Amerikaner Recht hatte und wir wirklich gleich da waren. Wahrhaftig, an der Stelle, wo es bergab ging, konnte ich die Herberge schon sehen! Als ich sie endlich erreichte und die Tür öffnete, erblickte ich durch den Flur hindurch einen großen Garten und mitten drin einen Swimming Pool! Blaues kühles Wasser und ein erfrischender Windzug empfingen mich. Es war wie im Paradies.

Alle, die hier ankamen, waren vollkommen erschöpft. Diese Strecke schaffte jeden. Sie ist so besonders anstrengend, nicht weil sie so schwierig, sondern weil sie so eintönig flach ist. Stundenlang werden immer dieselben Muskeln beansprucht. Außerdem hat man das Gefühl, nie anzukommen. Es ist die berühmte römische Via Aquitania, die von Bordeaux bis nach Astorga führt, immer geradeaus. Unter den anwesenden Pilgern war auch die Kanadierin mit dem zu großen Rucksack und ihr spanischer Beschützer. Er war ehrlich besorgt, „pobrecita" nannte er sie, die Ärmste. Ich hielt sie einfach für ziemlich dumm oder zumindest naiv. Ein Rätsel, woher sie ihre Informationen hatte; angeblich hatte sie sich gründlich auf den Jakobsweg vorbereitet. Inzwischen hatte sie tatsächlich einiges an Gepäck nach Santiago geschickt, aber meines Erachtens trug sie immer noch viel zu viel mit sich herum, allerdings keinen Schlafsack mehr, was auch nicht besonders klug war.

Die einzigen, die im Pool schwammen, waren ein paar Frauen aus Norwegen, die wohl das Baden in den kalten Fjorden gewohnt waren. Sie amüsierten sich köstlich, juchzten, lachten und planschten herum. Uns anderen war das Wasser eindeutig zu kalt. Ich wagte mich gerade mal bis zum Schritt hinein. Für meinen verkrampften Muskel war das kalte Wasser recht angenehm. Die meisten saßen nur am Rand und ließen die Beine ins Wasser baumeln – wenn überhaupt.

Auch Maja, die junge Frau aus Australien mit den beiden Iren war hier. Sie massierte erst Jill, dann J.J. und schließlich auch meinen Oberschenkel und gab mir wertvolle Tipps. Dass ein Muskel sich einfach zusammenrollte, wäre ganz normal, erklärte sie, das sei eine Schutzreaktion bei Überanstrengung. Ich müsste ihn nun immer gut massieren, vom Knie aufwärts.

Lange unterhielt ich mich mit Karen, einer außergewöhnlichen, mutigen jungen Belgierin mit einer eindrucksvollen tiefen Stimme. Ihre Mutter war sehr früh gestorben, Karen hatte die Schule abgebrochen und keine Ausbildung gemacht. Sie erzählte, dass es in Belgien keine Erwachsenenbildung gäbe, es wäre also nicht möglich, Schulabschlüsse nachzuholen, um dann eine gute Ausbildung absolvieren zu können. So hatte sie als Küchenhilfe bei McDonalds gearbeitet, was ihr nicht besonders gut gefiel. Eines Tages hatte sie gekündigt und sich auf den Weg gemacht. Nun war sie hier Hospitalera. Der Hospitalero musste etwas in León erledigen und hatte sie bei ihrer Ankunft gefragt, ob sie nicht ein paar Tage bleiben wolle. Sie schlug mir vor, ebenfalls zu bleiben und mich ein wenig auszuruhen. Obwohl es mich reizte, sagte ich nein. Lieber würde ich in León zwei Nächte verbringen.

Aus einer Mail an meinen Mann vom 10. Juli, 17.56 Uhr:

Hallo! Nach 23 Kilometern bin ich hier in einer brasilianischen Herberge gelandet: mit Swimming Pool, leiser New-Age-Musik und vielen, vielen bekannten Leuten, inklusive der Kanadier! Es ist wirklich stark. Eben rief jemand aus Deutschland an, und man bat mich, das Gespräch anzunehmen, da ich als einzige Deutsch spreche. Es war eine Frau am Apparat und sie fragte mich: „Ist Sandro da?" – „S a n d r o???" – konnte ich nur verständnislos wiederholen und blickte Hilfe suchend um mich ... Karen, eine junge Frau aus Belgien, fing diesen Blick auf und reagierte sofort: „Ja, ja, Sandro, das ist der Hospitalero!" ... Ach so, „nein, Sandro ist im Moment nicht hier, er kommt erst morgen wieder. Tschüs. Danke." Also sowas! Ich war platt. ...

Karen wollte natürlich wissen, was mich so umgehauen hat. „Na ja", erklärte ich ihr, „mein Sohn heißt Sandro."

Als Jill, J.J. und Michael später den großen Schlafsaal betraten, fing ich leise an, „Happy Birthday" zu singen, aber J.J. war das peinlich und er machte: „Schhhh". Abends gingen wir alle zusammen essen und feierten seinen Geburtstag. Auch ein französisches Paar mit ihrer erwachsenen Tochter wurde dazu eingeladen. Die Frau sprach sehr gut Deutsch. Es verblüffte mich immer wieder, wie viele Franzosen Deutsch sprachen und auch ganz gut Englisch. Bisher hatte ich immer gesagt bekommen, dass „die Franzosen" keine Fremdsprache sprechen. Hier nun machte ich völlig andere Erfahrungen, worüber ich mich wirklich freute.

Ich saß neben Michael und wir unterhielten uns über die Unfreundlichkeit, die uns zunehmend aufgefallen war. Am Anfang unserer Reise, ganz besonders in Roncesvalles, Zubiri, Puente la Reina, hatte man uns herzlich begrüßt und alle waren freundlich und entgegenkommend gewesen, doch immer öfter begegnete man uns Pilgern nun kühl, manchmal sogar mit einer ausgesprochenen Ablehnung, so als störten wir nur oder wären unwillkommene Gäste. Wir konnten keine Erklärung dafür finden, zumal dies ganz besonders in kleinen Orten auffiel, die doch eigentlich hätten froh sein können, dass in ihre Abgeschiedenheit überhaupt jemand kam. Schließlich konnten sie an uns verdienen. Bei Michael kam hinzu, dass er mit den Essenszeiten überhaupt nicht zurecht kam; es war für ihn ein Unding, dass er zu bestimmten Tageszeiten kein warmes Essen erhalten konnte und ihm nur mit einigem Unwillen wenigstens ein Bocadillo zubereitet wurde.

Wir machten aber auch immer wieder überaus positive Erfahrungen. Die Menschen auf der Straße grüßten freundlich, wünschten uns einen guten Weg und boten Wasser an oder schenkten uns kühle Früchte zur Erfrischung. Michael erzählte von einem alten Mann, der in Carrión auf die Pilger wartete und jedem einzelnen eine winzig kleine Jakobsmuschel schenkte mit den besten Wünschen für eine gute Pilgerschaft.

Es wurde ein sehr schöner Abend mit einem köstlichen Mahl. Zum Abschluss brachte der Kellner eine große Pudding-Torte mit vielen brennenden Kerzen darauf, die J.J. auspusten sollte, aber sie flammten immer wieder auf!

Vorm Schlafengehen kam Maja an mein Bett und rieb fürsorglich eine Wachholdersalbe in meinen Oberschenkelmuskel. Obwohl ich Wachholderduft nicht ausstehen kann, war mir sehr wohl bewusst, dass ich ohne Majas Unterstützung morgen hier nicht wegkäme und ich war ihr ehrlich dankbar. Sie war ein weiteres Beispiel für mich zu lernen, einen Menschen nicht vorschnell zu beurteilen. Auch wenn mir ihre Art mit Männern umzugehen nicht gefiel, war sie doch eine nette und ungemein hilfsbereite Person.

20. Tag
Montag, 11. Juli 2005
Calzadilla de la Cueza → Sahagún   **24 km**

Die letzten Kilometer lief ich zusammen mit Charleen, einer Amerikanerin, die wie ich Mitte fünfzig und allein unterwegs war. Wir beschlossen, die **Ermita de la Virgen del Puente** auszulassen, denn das hätte einen ziemlichen Umweg bedeutet, und dazu war es uns einfach zu heiß. Wir blieben auf der Landstraße und ersparten uns die Abzweigung zur kleinen *Wallfahrtskirche zur Jungfrau an der Brücke*. Man konnte sie von hier aus recht gut sehen und wir begnügten uns mit diesem Blick von weitem.

Erschöpft kamen wir in der Herberge an. Zunächst glaubte ich, es sei die falsche, weil mir Pepa, eine Frau aus Madrid, etwas von einer „kleinen" Herberge erzählt hatte, außerdem hatte ich sie gebeten, mir ein Bett zu reservieren. Dies hier aber war eine sehr große Herberge, und es war kein Bett reserviert worden. Jedoch, versicherte die Hospitalera, gab es nur diese Herberge in Sahagún. Also blieb ich und traf Pepa dann auch gleich, als ich den riesigen Schlafsaal betrat. Sie hatte mir ein Bett neben sich freigehalten. Die Betten hier waren „alkovenmäßig" eingebaut. Das sollte wohl eine gewisse Privatheit gewähren, denn der Raum war enorm mit über 100 Betten, aber so war alles überaus unbequem. Unten war man völlig eingeengt und nach oben zu gelangen, war mit losen (!) Leitern furchtbar anstrengend. Ich zog dreimal hin und her und hoch und runter. Zu guter Letzt blieb ich in einem Bett unten. Pepa schlief schließlich auf einer Matratze am Boden.

Nach der Siesta ging ich in eine Apotheke, um mich beraten zu lassen; zu einem Arzt wollte ich nicht gleich rennen. Der Apotheker beriet mich gut und meinte, ich müsse vorsichtig sein, so ein Muskelkrampf könne immer wiederkommen, vorbeugend sollte ich täglich ein oder zwei Bananen essen und mindestens drei Liter Wasser trinken. Gut wäre auch eine Extra-Ration Magnesium. Meine Magnesiumtabletten waren bereits verbraucht, ich hatte nur für die ersten zehn Tagen welche mitgenommen, also kaufte ich neue, die überraschend teuer waren. Auf meine Gummistütze sollte ich vorsichtshalber lieber verzichten, da sie möglicherweise die Durchblutung behinderte.

87

Ein paar Straßen weiter saßen die Norwegerinnen aus Calzadilla de la Cueza in einem Café. Ich sprach sie an und wir plauderten ein wenig. Sie wollten noch bis nach León wandern, dann müssten sie wieder nach Hause zurück. Nächstes Jahr ginge es dann von León bis Santiago. Seit vielen Jahren schon machen die vier zusammen Touren, jedes Jahr zwei Wochen. Es freute mich, mit ihnen zu reden. In Norwegen war es nie möglich gewesen, Kontakt zu Einheimischen zu bekommen. Wenn man mit dem Auto unterwegs ist und auf Camping-Plätzen wohnt, ist das eben schwierig.

Durch Pepa lernte ich später Marlies kennen, eine Deutsche, die seit 28 Jahren in Barcelona lebt. Die Liebe hatte Marlies als 19-Jährige nach Spanien geführt und sie hat ihren Schritt, Deutschland zu verlassen, nie bereut. Sie arbeitet seitdem in einem deutsch-spanischen Unternehmen und fühlt sich rundum wohl. Im Augenblick litt sie allerdings an einer Entzündung am rechten Schienbein und hoffte, dass es nicht schlimmer werden würde.
Am nächsten Morgen musste Marlies ihre Pilgerschaft jedoch abbrechen. Über Nacht war ihr Bein stark angeschwollen und so beschloss sie, von Sahagún aus direkt mit dem Zug zurück nach Barcelona zu fahren. Ihren Plan, bis nach León zu wandern, von wo aus sie dann im nächsten Jahr ihre Pilgerschaft nach Santiago beenden wollte, musste sie leider aufgeben.

Abends war es erstmals wieder möglich, beim Essen draußen zu sitzen. Die Luft war mild und zusammen mit Charleen und Marlies saß ich auf dem Hauptplatz, wo zu dieser Stunde die ganze Stadt unterwegs war. Mittags war es hier leer und brütend heiß gewesen, jetzt fanden sich alle ein: Jung und Alt. Es wurde gelacht, gespielt und miteinander geschwatzt. So liebe ich Spanien, es war herrlich.

●

Auf meinem Abendspaziergang kam ich mit einer Spanierin ins Gespräch, die seit dreißig Jahren in Belgien lebt, aber Jahr für Jahr zwei Monate nach Sahagún kommt, um hier bei ihrer Familie den Sommer zu verbringen. Sie liebt ihre Heimatstadt und schwärmte in hohen Tönen von deren Schönheit und ihrer interessanten maurischen Vergangenheit. In der Tat kann Sahagún auf eine abwechslungsreiche, teilweise blühende Geschichte zurückblicken und man kann noch heute viele Gebäude bewundern, die aus Ziegeln im **Mudéjar-Stil** erbaut wurden. Die **Mudejares** sind der Teil der muslimischen Bevölkerung, der auch nach der Vertreibung der Mauren in Spanien verbleiben durfte. Sie kreierten einen völlig eigenen Kunst-Stil, in dem sie christliche Kirchen, Klöster und Paläste bauten und dabei streng islamische Formen bewahrten.

Sahagún ist die erste größere Stadt, die man auf dem Jakobsweg von Osten kommend in der Provinz León erreicht, und verblüfft fielen mir sofort die aufgesprühten Parolen „León libre" –Freies León– oder „León sin Castilla" –León ohne Kastilien– an einigen Wänden auf. Aber ja natürlich, dies ist ein jahrhundertealter Streit: Wenn gemeinhin Spanien von außen als einheitliches Gebilde wahrgenommen wird, so ist das ein Irrtum. Früher sprachen die Spanier von ihrer Heimat sogar nur in der Mehrzahl: Las Españas. Sie trugen damit nicht nur der enormen Vielfalt von Landschaft, Klima, Menschenschlag, Mentalität und Geschichte Rechnung, die sich heute in den siebzehn überaus selbstbewussten autonomen Regionen des Königreichs Spanien niederschlägt, sondern vor allem bezog sich diese Bezeichnung einst auf die vielen Königreiche, aus denen sich Spanien zusammensetzte, wie zum Beispiel Aragón, Asturien, das Baskenland, Galicien, Katalonien, León, Murcia, Navarra, Valencia, und die vielen autonomen Städte, wie Cordoba, Granada, Sevilla, Toledo usw.

Es waren vor allem immer wieder die Könige Kastiliens, die die Vorherrschaft anstrebten, denn das zentrale, hauptsächlich agrarische Land war auf die Reichtümer der umliegenden Regionen angewiesen und wollte auch einen Zugang zum Meer. Um dieses Ziel zu erreichen, wurden erbittert Kriege geführt, Heiraten arrangiert, Intrigen gesponnen.

Alfons VI., der Anfang des 12. Jahrhunderts seine letzte Ruhestätte in Sahagún fand, ist nur ein Beispiel dafür, wie der Kampf um die Vorherrschaft Kastiliens sogar Brüder gegeneinander hetzte. Er hatte von seinem Vater das Königreich León geerbt, während sein Bruder Sancho das Königreich Kastilien erhielt. Sobald auch die Mutter gestorben war, versuchte Sancho, Alfons das Erbe zu entreißen, und erst nach Sanchos Tod hörten die jahrelangen kriegerischen Auseinandersetzungen auf und Alfons wurde König von Kastilien und León.
Alfons hatte Sahagún lange Zeit begünstigt, den Bau eines großen Klosters gefördert und dem Bischoff große Macht eingeräumt. So wurde die Stadt seinerzeit eine der bedeutendsten Stationen auf dem Jakobsweg. Auch später erhielt Sahagún bedeutende Privilegien, unter anderem durfte man hier eigene Münzen prägen und im 14. Jahrhundert bekam die Stadt eine eigene Universität.
Dies legte vielleicht den Grundstock für die fast schon sprichwörtliche Toleranz und Fortschrittlichkeit Sahagúns, die sich bis hinein in die neuere Geschichte geäußert hat. So war Sahagún wohl die erste Stadt, die 1931 die Republik ausrief.

●

Der Diktator Francisco Franco schloss sich dann ab 1939 der Tradition der kastilischen Könige an. Er versuchte, das ganze Land zu Kastilien zu machen. Die kastilische Sprache wurde zur „spanischen" Sprache erklärt; Baskisch, Galicisch und Katalanisch strikt verboten.

Wie sehr ihm die **Kastilisierung** Spaniens gelungen ist, zeigt die Tatsache, dass wir heute – mehr als dreißig Jahre nach Francos Tod – immer noch von *„Spanisch"* sprechen, wenn wir das *„Kastilische"* meinen. Kein Wunder also, dass in vielen autonomen Gebieten weiterhin ärgerlich auf Madrid geblickt wird.

Den meisten Menschen außerhalb Spaniens allerdings sind höchstens die Bombenanschläge einiger Extremisten für ein freies Baskenland ein Begriff. Doch auch die Katalanen beharren weiterhin auf ihrer Eigenständigkeit, und ich habe schon erlebt, dass sich Katalanen geweigert haben, mit mir Kastilisch zu sprechen. In Galicien betont man nicht nur mit Nachdruck die eigenständige Kultur, sondern es gibt ebenfalls Unabhängigkeitsbestrebungen. Auch dort habe ich überall dementsprechende aufgesprühte Parolen sehen können.

Alle drei Länder, also das Baskenland, Galicien und Katalonien, haben ihre eigene Sprache längst wieder in die Schulen und Universitäten zurückgeholt. Und nun entdeckte ich, dass auch in der Provinz León der Wunsch existiert, sich wieder von Kastilien abzulösen.

Sahagun – Stadttor im Mudéjar-Stil

21. Tag
Dienstag, 12. Juli 2005
Sahagún → Bercianos → El Burgo Ranero   **18 km**

Der heutige Weg wurde mir schwer und er war unbeschreiblich hässlich. Fast die ganze Zeit ging es an der Landstraße entlang, rechts flache Ebene und links Straßenbaustelle mit zwei bis drei Meter hohen Sandhügeln, über die man nicht hinwegsehen konnte. Was mir aber vor allem zusetzte, waren meine bis hoch in die Leisten schmerzenden Beine, es war die Hölle. Ich war wieder sehr früh losgegangen. Jill, J.J., Michael und noch viele andere überholten mich bald. Eigentlich wie immer, aber heute hätte ich heulen können, denn jeder Schritt war eine Tortur. Zweimal versuchte ich zu trampen, aber es hielt einfach kein Auto an! Also lief ich weiter und weiter. Eine Französin, die mir wegen ihrer schönen langen grauen Haare schon ab und zu aufgefallen war, kam mir plötzlich entgegen. Sie hatte ihren Pilgerpass verloren oder liegen lassen. Ohne Rucksack lief sie nun zurück. – Tage später, in Astorga, erzählte sie mir, dass sie ihn nicht wiedergefunden habe und sich einen neuen hatte ausstellen lassen müssen, was gar nicht einfach gewesen war, denn nicht in jedem Ort gab es ein Pilgerbüro. Ohne Pilgerpass hatte sie sich tagelang nicht als Pilgerin ausweisen und in keiner Herberge übernachten können.

In Bercianos del Real Camino, acht Kilometer vor El Burgo Ranero, kehrte ich in einer Bar ein. Jill, J.J. und Michael waren ebenfalls dort und ich sah auch noch andere bekannte Gesichter. Ich betrat die Bar zusammen mit Sheila, einer dunkelhäutigen jungen Frau aus San Francisco, die mir gleich zu Beginn unserer Unterhaltung erst einmal versichert hatte, sie habe Bush nicht gewählt. Wir lachten dann beide über dieses Statement. Sie war nicht die erste US-Amerikanerin, die dies getan hatte. Es war offenbar das allgemeine Bedürfnis vieler Nicht-Bush-Wähler, sich ganz schnell von ihrem Präsidenten zu distanzieren. So etwas wie Scham und Verzweiflung schwang jedesmal bei ihnen mit.

Die letzte Stunde waren wir schwatzend und lachend zusammen gegangen, aber hier drinnen hatte ich für niemanden so richtig Aufmerksamkeit und stellte mich allein an die Bar. Am liebsten hätte ich einen Einheimischen gefunden, der mich mit dem Auto nach El Burgo Ranero mitnehmen konnte. Ich kam dann auch sofort mit einem Spanier ins Gespräch und fragte ihn. Er meinte, das wäre doch nicht in Ordnung, als Pilgerin müsste ich laufen. „Unsinn," widersprach ich, „ich kann machen, was ich will. Es gibt keine solche Regel. Lediglich die letzten 100 Kilometer müssen zu Fuß zurückgelegt werden, **falls** ich auf eine Urkunde Wert lege." Später kam er mir dann hinterhergefahren und hätte mich wohl mitgenommen, aber irgendetwas in seinem Verhalten ließ mich ablehnen. Ich sagte ihm, den letzten Rest würde ich nun doch lieber laufen.

Dieser „letzte Rest" wurde mir dann sehr, sehr lang. Als ich endlich ankam, machte ich beim ersten Laden, vor dem zu meinem Glück eine Bank stand, eine Pause. Agnes saß hier und sie erzählte mir, dass sie sich von ihrer Freundin Adela getrennt habe. Sie wollten sich erst wieder in Santiago treffen und dann gemeinsam nach Hause zurückfliegen. Adela war von der Idee besessen gewesen, auf dem Jakobsweg etwas Entscheidendes für ihr Leben zu lernen und hatte nicht aufgehört Agnes zu fragen, was dies wohl sein könnte. Jede Begegnung mit anderen Menschen, jedes Erlebnis, ob groß oder klein, wurde ihr zur diskussionswürdigen Frage, ob dies wohl etwas zu bedeuten habe und wie es zu verstehen oder zu interpretieren sei. Agnes hatte das mit der Zeit schier wahnsinnig gemacht und schließlich hatte sie den Mut gehabt, Adela zu sagen, dass sie allein weitergehen wolle. Jetzt, ganz auf sich gestellt, fühlte sie sich ausgesprochen wohl, leicht und voller Energie. Ihr heutiger Pilgertag war denn auch hier noch nicht zu Ende.

Als ich eine halbe Stunde später wieder mit Sheila zusammen vor der Herberge saß und darauf wartete, dass sie geöffnet wurde, kamen Jill, J.J. und Michael, von denen ich gedacht hatte, sie seien längst über alle Berge. Sie hatten den anderen Weg in den Ort hinein gewählt und in einem Restaurant eine ausgiebige Pause gemacht. Nun wollten sie weiter. Es war ja erst zwölf Uhr. Ich schlug Jill vor zu bleiben und mit mir morgen mit dem Zug nach León zu fahren und dort auf die Männer zu warten, aber sie wollte nicht, obwohl sie nicht gut aussah. Sie wirkte erschöpft und ihre Knie schmerzten. Aber sie wollte partout weitergehen.

**Mit Isabel vor der Herberge
in El Burgo Ranero (Adobe-Bauweise)**

Die Herberge war sehr schön, ein neuer Bau in der alten hier üblichen *Adobe-Bauweise*, d.h. es wurde aus ungebrannten, auch so genannten *Luftziegeln* erbaut. Sie bestehen aus Lehm, das mit Stroh vermischt wurde und bieten (obwohl sie gegen Feuchtigkeit recht empfindlich sind) aufgrund der Wärmeisolierung entscheidende Vorteile gegenüber anderen Baumaterialien. Während des Tages heizen sich die Ziegel nämlich unter Einwirkung der Sonneneinstrahlung auf und geben die gespeicherte Wärme nachts an die Umgebung ab. Dadurch ist es in einem Luftziegelgebäude tagsüber kühl und während der Nacht warm. Drinnen gab es eine gut ausgestattete Küche und einen hellen, freundlichen Aufenthaltsraum sowie Internetanschluss.

In der Bar gegenüber traf ich wieder mit den Norwegerinnen zusammen und später kamen – welche Freude – Isabel, Ramón und Pedro! Isabel hatte ein Vögelchen dabei. Es war aus dem Nest gefallen und sie hatte es in ihre Obhut genommen. Sie fütterte es und schleppte es die ganze Zeit entzückt mit sich herum. Später gab sie es einem Jungen, der es gerne pflegen wollte, so wie sein Bruder, der bereits einen Vogel versorgte. Aber sie war ganz unglücklich über die Trennung von ihrem Schützling. Ich ermunterte sie, zurückzugehen und sich den Vogel wieder zu holen. Den Tränen nahe ging sie los und strahlend kam sie nach einer Weile mit dem Vögelchen zurück!!

Gegen Abend gingen wir einkaufen, kochten dann zusammen und ich genoss die Gesellschaft der drei von ganzem Herzen.

22. Tag
Mittwoch, 13. Juli 2005
mit dem Zug von El Burgo Ranero nach León   **38 km**

Nachts musste ich mehrmals auf die Toilette, denn das viele Trinken hatte eben auch seine negative Seite. Durch diese dauernden Schlafunterbrechungen wachte ich am Morgen schließlich wie gerädert auf. Aber heute musste ich erfreulicherweise nur einen Kilometer gehen: bis zum Bahnhof. Dort war ich die einzige und befürchtete schon, hier würde gar kein Zug anhalten. Er sah so verlassen aus, und es gab noch nicht einmal eine Bank, auf die ich mich setzen konnte. Arbeiter waren dabei, Schienen neu zu verlegen, und es roch entsetzlich nach Benzin. Doch an einer Tür, direkt neben einem kunstvollen Emailleschild, auf dem zu lesen war, dass der Bahnhof sich auf einer Höhe von 881,5 Meter befindet, entdeckte ich erleichtert einen kleinen Fahrplan. Später kamen noch ein junger polnischer Pilger mit einer Beinverletzung und ein paar Einheimische.
Die Fahrt dauerte keine Stunde und führte weit nördlich vom Jakobswegs entlang. Kurz nachdem wir El Burgo Ranero verließen, konnte ich in der Ferne eine wandernde Gruppe erkennen – das waren bestimmt die Norwegerinnen!

In León auf dem Weg vom Bahnhof zur Herberge besuchte ich ein hübsches, sehr elegantes Teehaus. Ich genoss einen Earl Grey und *Dientes de León* – Löwenzähne, berühmte Leóner Gebäckstücke aus Blätterteig. Anschließend buchte ich einen erstaunlich günstigen Flug von Santiago de Compostela nach Madrid für den 29. Juli und kaufte mir in einem Eisenwarenladen Schnitzwerkzeug für meinen Wanderstock. Gegen elf Uhr kam ich in der Herberge an. Hier wurden Männer, Frauen und Ehepaare in getrennten Schlafsälen untergebracht. Wir befanden uns im Benediktiner-Kloster *Santa Maria de Carbajal* und „tenemos un poco de orden aquí" –Wir haben hier ein wenig Ordnung–, erklärte uns eine der Helferinnen mit einem bedeutungsschweren Unterton, so als würde in den anderen Herbergen freier Sex praktiziert. Sie nahm sich lächerlich wichtig. Die Nonnen später waren humorvoller.

Auf mein Bett legte ich heute mal alle meine Sachen und sortierte aus, was ich nicht mehr mit mir herumtragen wollte und mit Sicherheit auch nicht mehr brauchte. Ich hatte inzwischen schon recht viele Prospekte, Post- und Visitenkarten angesammelt, außerdem waren bei dem Schnitzwerkzeug Teile dabei, die ich nie benutzen würde. Damit ging ich zur Post und schickte es nach Santiago. Hierfür war in beeindruckender Weise alles vorhanden: Es gab verschiedene Umschläge zu kaufen sowie Päckchen in allen Größen usw.

Anschließend ging ich León erkunden und fühlte mich bald wie eine ganz normale Touristin, machte sogar eine kleine Bimmelbahn-Tour quer durch die Stadt. León ist faszinierend und hochinteressant. Als Hauptstadt des ehemaligen Königreiches León ist sie eine der ältesten und bedeutendsten Städte auf dem Jakobsweg. Nicht nur die Kathedrale beeindruckt in ihrer Pracht und Kunstfertigkeit. Allerdings ist dieses imposante gotische Bauwerk etwas ganz Besonderes. Sie ist eine der wenigen spanischen Kathedralen, die hell und freundlich anmuten und in deren Inneren mir nicht ein kalter Schauer über den Rücken läuft. Ja, ich muss gestehen, obwohl ich dafür keine Erklärung habe, dass ich in recht vielen Kirchen und Kathedralen Spaniens meine, die Gräuel der Inquisition regelrecht körperlich zu spüren. Es erfasst mich ein Grauen, ich bekomme Beklemmungen – manchmal so stark, dass ich augenblicklich hinausgehen muss. Die Leoner Kathedrale jedoch ist anders. Ihre großen farbenprächtigen Glasfenster und der helle Stein schaffen eine lichte, angenehme Atmosphäre.

Danach bummelte ich durch die belebten Straßen und Geschäfte und kaufte mir endlich einen Gürtel. Ich hatte nämlich so sehr abgenommen, dass meine Hose rutschte. Bis jetzt hatte ich sie mir mit meiner Wäscheleine festgebunden, was recht umständlich und unbequem war.

In der Herberge hatte ich eine Adresse entdeckt, wo es spezielle Massagen für Pilger geben sollte. Dort angekommen, öffnete mir ein verschlafener Mann mit einem Baby auf dem Arm die Tür und meinte, seine Frau sei noch nicht da und ich solle in einer Stunde wiederkommen. Als ich mit dem Fahrstuhl nach unten fuhr, stand für mich fest, hierher würde ich nicht zurückzukehren. Aber ich fand nichts anderes. Die große Massage-Praxis im Zentrum war geschlossen und auch bei einer dritten Adresse stand ich vor verschlossener Tür. Also ging ich doch zurück, und diesmal öffnete mir eine freundliche Frau, die mich gleich in ein helles, luftiges Massagezimmer führte. Auf ihre Frage, wie es mir ginge, antwortete ich: „Grauenvoll." Da ich sie dabei aber strahlend anschaute, glaubte sie mir nicht. Erst als sie sich meine Beine ansah, war ihr klar, dass ich nicht log. Sie war entsetzt über den verhärteten Zustand meiner Muskeln, die von der Kniekehle hoch in den Oberschenkel führen. „Eisendrähte!", konstatierte sie und fragte: „Wie konnten Sie überhaupt auch nur noch einen Schritt gehen???" „Tja, ich weiß es nicht." Sie praktizierte die tiefe Massage des Bindegewebes und „knackte" die Muskeln mit starkem Druck. Es schmerzte höllisch. Ich schrie und jammerte, und am Abend ebenso wie am folgenden Morgen nahm ich jeweils eine halbe Schmerztablette, damit mir die blauen Flecken nicht zu große Schmerzen bereiteten. Nun war klar: Morgen kein Camino.

Abends traf ich Philippe, der in einer kleinen Pension wohnte und später in ein Konzert gehen würde. Wir plauderten ein wenig und fragten uns, wie es wohl Eberhard ging, den wir beide schon eine Weile nicht mehr getroffen hatten. Ich kehrte früh in die Herberge zurück, denn ich wollte mit Jill, J.J. und Michael die Vesper nicht versäumen, bei der die Nonnen herrlich sangen. Die einführenden Worte einer alten, sehr zierlichen und erfrischend humorvollen Nonne war tiefsinnig und berührend.

In dieser Nacht schlief ich nicht besonders gut. Trotz der Schmerztablette spürte ich meine Beine bei jeder Bewegung, und außerdem schnarchte die Frau neben mir unglaublich laut. Schließlich hatte sie ihren Wecker auch noch auf 4.30 Uhr gestellt! So stand ich ebenfalls früh auf und nahm den Zug nach Astorga bereits um 7.10 Uhr, was ich letztendlich ausgezeichnet fand.

95

23. Tag
Donnerstag, 14. Juli 2005
mit dem Zug von León nach Astorga　　　　　　　　**56 km**

Ich verließ die Herberge um sechs Uhr und ging langsam zum Bahnhof. Es war immer wieder seltsam, wenn ich aufbrach. Jedesmal verwunderte es mich, mit wie kleinem Gepäck ich unterwegs war. Der Weg durch das dunkle León so früh am Morgen hatte einen ganz eigenen Reiz. Die Stadt schlief noch, die Straßen waren wie ausgestorben, nur die warmen gelben Lichter der Laternen verbreiteten eine heimelige Atmosphäre. Ich hatte mir den kürzesten Weg zum Bahnhof herausgesucht und genoss es, ganz allein und sehr gemächlich durch die Straßen zu gehen.

Mir war mit einem Mal und deutlicher als am Vortag bewusst: Ich hatte den Camino verlassen. Dies hier war nicht mehr der Jakobsweg. Es gab keine Pfeile, und ich wollte auch nicht zu Fuß weiter. Gleichzeitig wurde mir klar und ich empfand eine große Sicherheit dabei: Dies hier ist **mein** Weg. Mir wurde ganz leicht ums Herz, weil ich diese Freiheit hatte und auch die Fähigkeit, kreativ mit dem Weg umzugehen. Jill, J.J. und Michael zum Beispiel kämen nicht so leicht zurecht, sie waren in gewisser Weise gezwungen, den vorgezeichneten Weg zu gehen. Jedes Abweichen setzt Spanischkenntnisse voraus. Dieses Gefühl „orientierungslos" zu sein, wenn keine gelben Pfeile den Weg wiesen, kannte ich ja selbst von Pamplona her, wenn auch nur kurzfristig, weil ich dann „umschalten" konnte und wieder auf mich gestellt vorwärts kam.

Als ich den Bahnhof betrat, sah ich das erste Mal bewusst in Spanien einen Mann mit zwei Frauen, die ein Kopftuch trugen. Ich lächelte sie an, eine lächelte scheu zurück. Ich ging zum Schalter und kaufte mir für 2,80 Euro eine Fahrkarte nach Astorga. Das Café war bereits geöffnet, ich ging an die Bar und bestellte wie immer ein Glas heiße Milch und eine Madalena. Ich fühlte mich frei und privilegiert, glücklich und zufrieden, so „fähig". Fähig, all dies hier zu tun. Allein. Ganz selbstverständlich und leicht. Und sicher.

Links von mir saß etwas entfernt ein älterer, etwas verwirrter Mann und redete mit allen und niemanden. Um mich herum waren zu dieser frühen Stunde nur Männer. Sie lächelten entschuldigend. Dann kam eine Reinigungsfrau und wir mussten kurz aufstehen, damit sie den Boden wischen konnte. Der Verwirrte verließ laut schimpfend die Bar, meinte aber wohl niemand bestimmten. Arme Seele.

●

Als ich um kurz nach acht in Astorga ankam, ging ich geradewegs in die Herberge *San Javier*, von der ich in León eine kleine Karte gefunden hatte. „If you get stuck on the camino, then this is the right place to be" –Wenn Sie auf dem Camino nicht weiterkönnen, dann ist dies hier der richtige Platz zum Bleiben–, so begrüßte mich dort freudestrahlend ein Südkalifornier. Wie herrlich! Kurz darauf kam eine Deutsche, die mich sofort auch als „krank" empfing, sich den Rucksack kurz entschlossen auflud und nach oben trug. Sie wies mir freundlich ein Bett direkt neben der Terrasse zu. Ich fühlte mich ganz wunderbar behaglich, bemuttert und wusste, hier würde ich erst einmal für die nächsten zwei Nächte bleiben. So richtete ich mich ein, legte mich dann sofort ins Bett und schlief. Geweckt wurde ich davon, dass die Betten gemacht und geputzt wurde – obwohl die zwei Frauen sich große Mühe gaben, mich nicht zu stören.

Aber ich hatte genug geschlafen. Ich stand auf, setzte mich auf die sonnengeschützte Terrasse und genoss das herrliche Gefühl hier zu sein – hier, im Schatten, während draußen die Hitze regierte über eine mir noch völlig fremde Stadt.

Später erkundete ich sie und empfand sie als eine der schönsten Städte auf dem Jakobsweg. Gleichzeitig übte Astorga auf mich einen fast künstlichen Reiz aus. Die große Kathedrale und der Bischofspalast von Gaudí unmittelbar daneben wirken mächtig und gleichzeitig traumhaft unwirklich – einer Film- oder Theater-Kulisse gleich. Der berühmte katalanische Architekt Antonio Gaudí ist für besonders eigenwillige Jugendstil-Bauten bekannt. Seine noch immer im Bau befindliche Kathedrale **La Sagrada Familia** in Barcelona besitzt Weltruhm.

Da ich immer noch auf der Suche nach *Endrina* war, ging ich in mehrere Läden, fand das Buch aber nicht. Dafür entdeckte ich einen historischen Bericht über den Camino, worin das Wort „Roncesvalles" erklärt wurde. Wörtlich ins Deutsche übersetzt heißt es: „Täler der Dornensträucher".

Am späten Nachmittag hatte ich einen Termin bei einer deutschen Heilpraktikerin. Sie lebt seit zwanzig Jahren hier und erklärte mir, dass sie mit Energie arbeite. Es war im Gegensatz zur tiefen Bindegewebsmassage am Vortag eine sehr sanfte Massage und ich fühlte mich anschließend wunderbar leicht und vollkommen schmerzfrei. Am nächsten Tag ging ich ein zweites Mal zu ihr, diesmal für eine Ganzkörpermassage. Am Schluss legte sie ihre Hände auf meine Beine und meinte zuversichtlich: „Diese Beine tragen Sie bis Santiago." Und so war es auch. Ich hatte die letzten knapp 300 Kilometer keinerlei Muskelschmerzen mehr und fühlte mich jeden Tag kräftiger!

Abends ging ich mit einer Deutschen und einem Italiener auf dem großen Platz vor dem Rathaus Pizza essen. Wir tranken einen herrlich frischen Roséwein dazu und unterhielten uns prächtig in einer bunten Mischung aus Deutsch, Italienisch und Spanisch.

Als ich in die Herberge zurückkam, lag Claudia im Bett über mir! Sie war mit Marianne hier, der Österreicherin aus Hontanas. Claudia freute sich ganz offensichtlich, mich wiederzusehen und erzählte, sie habe Leute getroffen, die ihr von mir erzählt hätten. Das sei witzig gewesen. Sie hatte sich mit Marianne angefreundet und beide wollten zusammen weiterwandern.

Claudia berichtete von einem Schamanen, der ihr die Sonne aus dem Körper gezogen habe. Sie sei vollkommen verbrannt gewesen, nachdem sie vor ein paar Tagen losgewandert sei ohne sich einzucremen. Waden, Schultern und ihr Nacken waren dunkelrot gewesen und sie hatte sich hundeelend gefühlt. Dann traf sie den Schamanen. Er lud sie zu sich ein, führte einige Zeremonien aus, bei denen er die Hitze aus ihrem Körper zog, gab ihr Alkohol zu trinken, den sie erst einmal abgelehnt hatte, weil sie keinen Alkohol vertrug und auch nicht mochte. Aber er sagte, sie würde nicht betrunken werden, sie würde nur schlafen und er würde sie beschützen. Alles sei genau so geschehen und am nächsten Morgen habe sie sich wie neugeboren gefühlt. Von dieser Begegnung war sie deutlich beeindruckt.

24. Tag
Freitag, 15. Juli 2005
in Astorga

Glockenturm des Rathauses von Astorga

Ich schlief richtig lange aus und bekam den Aufbruch der Pilger kaum mit. Es war ein eigentümlich neues Gefühl, dass ich heute nicht weiterwandern würde. Der ganze lange Tag lag vor mir, ich hatte Zeit zum Ausruhen und konnte die Stadt weiter kennenlernen.

Zunächst einmal machte ich mich auf, das Restaurant zu suchen, das mir Isabel empfohlen hatte. Dort sollte man das beste Maragata-Gericht überhaupt essen können. Die Landschaft zwischen den Bergen von León und Astorga ist die sogenannte *Maragatería,* eine hügelige, karge und unfruchtbare Gegend. Die Menschen hier, die *Maragatos,* konnten daher nie allein von der Landwirtschaft leben und so erwarben sie sich schon in alten Zeiten besonders als Fuhrleute einen weithin reichenden guten Ruf. Die Maragatos sind ein immer noch recht eigenes Völkchen, ihre Vorfahren waren wahrscheinlich maurischer und gotisch-romanischer Herkunft.

Bis heute haben sie ihre Traditionen wie Trachten und Folklore bewahrt. Auch die Dörfer in dieser Gegend unterscheiden sich von denen anderer Regionen, besonders fallen die durchbrochenen Glockentürme bei den Kirchen auf. Am folgenden Tag in Rabanal del Camino begegneten mir Maragatos, schöne, schlanke, große Menschen. Sie trugen ihre Trachten – vielleicht weil es Samstagabend war? – und sie kamen mir sehr stolz und unnahbar, fast ein wenig arrogant vor.

Isabels Restaurant konnte ich nicht finden. Aber es gab etliche andere *Maragata-Häuser* – **Casas de Maragata**. Überall konnte man das Gericht nur als Mittagessen bekommen und es war teuer: 12 bis 18 Euro. Nachdem ich mich erkundigt hatte, woraus es überhaupt besteht, stand fest, dass ich es nicht essen würde. Jeder Spanier rümpfte die Nase – das sei ein Wintergericht, nichts für diese heiße Sommerzeit. Viel Fleisch, fettes Fleisch, eine Nudelsuppe als Vorspeise, Kartoffeln als Beilage und Kichererbsen und Kohl. Ein außerordentlich schmackhaftes Gericht, aber deftig und schwer. Zum Abschluss isst man noch eine typische Milchspeise, eine Art Vanille-Creme, und ein Stück Topfkuchen.

Da ich tagsüber nie etwas aß, außer mal ein großes Schokoladeneis oder zwei Bananen und vielleicht einen Müsli-Riegel, würde ich nicht in den Genuss dieser Spezialität kommen. Stattdessen kaufte ich mir ein paar Schokoladenpralinen, die extrem teuer waren. Abends erzählte mir eine junge Schwedin, die sich heute im Bett über mir eingerichtet hatte, dass eine ganze Tafel nicht viel teurer gewesen wäre und dass es im Schokoladen-Museum Gratis-Kostproben gab. Dieses Museum hatte ich vollkommen vergessen!

Am Nachmittag besichtigte ich die Kathedrale und den Gaudí-Palast. Er ist nicht nur von außen überaus beeindruckend, sondern auch innen prachtvoll. Vor allem die bunten Glasfenster sind wunderschön und geben jedem Raum eine besondere Wärme. In einem Raum hingen mehrere Kruzifixe an den Wänden. Ein gekreuzigter Jesus sah so erschöpft und am Ende seiner Kräfte aus, dass er mich zu Tränen rührte. Ich war sehr überrascht, denn ich habe keinen besonderen Bezug zu Kruzifixen. Noch nie hatte ich auch nur annähernd ein solches Gefühl empfunden, im Gegenteil, mich machen die abgezehrten Jesusfiguren am Kreuz immer etwas ärgerlich, besonders wenn man ihnen wie in Süddeutschland an jeder Straßenecke begegnet. Aber hier stand ich nun und sein Leiden berührte mich tief.

Ich durchquerte die Stadt bis an ihren Anfang, dorthin, wo der Jakobsweg in sie hineinführt, und wartete eine Weile, weil ich hoffte, Jill, J.J. und Michael empfangen zu können. Aber sie kamen nicht und schließlich gab ich es auf. Ich befestigte eine Karte der *Albergue San Javier* an einem gläsernen Informationskasten mit einer kurzen Nachricht für sie und hoffte, sie würden sie finden und auch dorthin kommen. Stattdessen traf ich Giovanni. Er wollte unbedingt in die staatliche Herberge. Angeblich aus Kostengründen, aber ich glaube gar nicht, dass das San Javier viel teurer war.

Abends traf ich Agnes auf dem Platz vor dem Palast, der zu dieser Zeit voller vor allem älterer Leute war, die in der jetzt etwas kühleren Luft hier saßen und schwatzten. Agnes, immer noch froh und glücklich allein unterwegs wohnte in der staatlichen Herberge mit Jill, J.J. und Michael. Jill war krank; aus ihrem Kniegelenk lief Flüssigkeit und es war dick angeschwollen. Auch J.J. litt an irgendeiner Entzündung. Der Arzt, den sie konsultiert hatten, habe gesagt: „Als Arzt muss ich ihnen dringend raten, die Wallfahrt abzubrechen. Als ehemaliger Pilger kann ich nur sagen, machen sie zwei Tage Pause und laufen sie dann weiter, so weit wie sie eben kommen." Und so wollten sie es nun auch tun.
Agnes war überzeugt: Die drei muteten sich zuviel zu, sie liefen zu lange und zu schnell und machten zu wenige Pausen. Sie wollten immer noch gern am 25. Juli, am Jakobstag, in Santiago ankommen. Michael hatte mir erzählt, er wollte auf dieser Reise lernen, ohne all den Luxus auszukommen, den er normalerweise gewohnt sei. Viele seiner Freunde und Mitarbeiter hätten ihn für verrückt erklärt, gelacht und nicht geglaubt, dass er das durchhielte. Ich konnte ihn daher recht gut verstehen; er hatte sich und anderen etwas zu beweisen. Bei Jill und J.J. wusste ich nicht, was sie trieb und hätte mir gewünscht, dass sich wenigstens Jill etwas mehr schonte. Sie war immer so mitfühlend um alle besorgt, nur gegen sich selbst schien sie hart und unerbittlich.

Später kam ich mit ein paar älteren Spanierinnen ins Gespräch. Sie trafen sich täglich hier auf diesem luftigen Platz, wenn die Hitze des Tages nachgelassen hatte und genossen die Frische des frühen Abends und das Treiben um sie herum. Ich beobachtete amüsiert, wie ein Rollstuhlfahrer in einem elektrisch betriebenen Rollstuhl eine Rollstuhlfahrerin hinter sich herzog, die keinen Motor an ihrem Gefährt besaß. Beide waren sehr vergnügt und keiner der anderen fand sie eines besonderen Blickes wert. Alte und Junge, Gesunde und Kranke lebten hier offensichtlich ganz entspannt in freundschaftlicher Harmonie und gegenseitiger Anerkennung miteinander.

25. Tag
Samstag, 16. Juli 2005
Astorga → Santa Catalina de Somoza
→ Rabanal del Camino   **20 km**

Es war wieder ein sehr heißer Tag und ich kam erschöpft, aber voll-kommen schmerzfrei in Rabanal del Camino an. Unterwegs waren mir die zwei Radfahrer aus Redecilla begegnet. Sie waren an mir vorbeigeradelt und nach dem üblichen Zuruf „Bon Camino!", hatte mich der eine erkannt und fassungslos angestarrt. Fast wäre er vom Rad gefallen, hätte ich ihm nicht schnell zugerufen: „Ich bin mit dem Zug gefahren!" „Ah!", kam die erleichterte Antwort und schon war er außer Hörweite. Er hatte wohl befürchtet, bereits Halluzinationen zu haben, schließlich hätte ich zu Fuß noch gar nicht hier sein können.

In Rabanal gab es drei Herbergen. Die, in die ich am liebsten gegangen wäre, sollte aber leider laut meines Reiseführers erst um 15 Uhr öffnen. Also ging ich in die andere *parroquiale*, das heißt *kirchliche* – vorbei an der staatlichen Herberge, wo ein spanisches Paar im Garten saß, das ich in Astorga bereits kennengelernt hatte und das in León seine Pilgerschaft begonnen hatte. Sie winkten mir zu. Die Frau war mir in Astorga, wo sie doch gerade erst zwei Tage unterwegs gewesen war, etwas wehleidig vorgekommen, sie hielt sich aber tapfer und später in Molinaseca eilten mir die beiden davon!

Die von mir ausgewählte Herberge war sehr voll, voller Jugend-licher vor allem. Aber sie befand sich in einem schönen historischen Gebäude und hatte eine eigene Bar im hübschen, mit vielen Blumen geschmückten Innenhof. Es war jetzt brütend heiß und in dem weiß getünchten Hof blendete mich die Sonne trotz Sonnenbrille bis zur Unerträglichkeit. Wie immer duschte ich erst einmal und pflegte meine Füße. Dann schlief ich ein Stündchen. Danach wusch ich meine Wäsche, hängte sie auf und erkundete die nähere Umgebung. Über eine Stunde blieb ich oben auf einer Bank vor der Kirche sitzen, dort, wo sich die andere Herberge befand, die tatsächlich bereits um 12.30 Uhr geöffnet hatte! Hier war es im Schatten einer großen Ulme herrlich kühl. Später lernte ich Silvia kennen, die ich schon ein paar Mal gesehen und für eine Deutsche gehalten hatte. Sie sprach bemerkenswert gut Spanisch und entpuppte sich dann auch als Spanierin. Silvia lebt seit zwölf Jahren in Hamburg und deshalb spricht sie eben auch so hervorragend Deutsch.

Als ich später in der Bar meiner Herberge zu Abend aß, gesellte sich Eberhard zu mir. Er hatte vom Kloster oben neben der Kirche das Angebot bekommen zu bleiben und mitzuhelfen, die Kirche zu restaurieren – und er hatte angenommen! Natürlich nicht sofort. Er wollte nach Deutschland zurück und dort klären, ob er dies ganz offiziell, bezahlt von seiner Kirchengemeinde, tun könnte. Er schien begeistert – soweit Eberhard zu Begeisterung fähig war. Sagen wir, er wirkte verblüfft und erfreut über ein so großartiges Angebot und sah Perspektiven sich eröffnen, von denen er nie gedacht hatte, dass sie existierten. Leider war ich zu müde, um an der Vesper teilzunehmen und so verpasste ich wohl ganz wunderbare Gregorianische Gesänge.

26. Tag
Sonntag, 17. Juli 2005
Rabanal del Camino → Foncebadón → Cruz de Ferro
→ Manjarín → El Acebo → Molinaseca   **26 km**

Ich stand wie immer viertel nach fünf auf. Es saßen schon viele Pilger an der Bar und frühstückten, erzählten und lachten. Da ich so früh am Morgen, direkt nach dem Aufstehen einfach nichts essen kann, bestellte ich mir nur eine heiße Milch.

Zusammen mit Silvia erreichte ich Foncebadón. Hier oben war es traumhaft verwunschen und der leichte Morgennebel schien alles zu verzaubern. In einem prächtigen, frisch-restaurierten alten Gasthaus frühstückte ich zusammen mit Debbie und Janet. Die beiden kamen aus Washington und waren so unterschiedlich wie Tag und Nacht. Während Janet eine schier unendliche Energie zu haben schien, kam Debbie mit der Hitze überhaupt nicht klar, da sie unter hohem Blutdruck litt. Aus diesem Grund gingen sie immer sehr früh am Morgen los und machten auch keinen Plan für den Tag. Sie hatten bis Ende August Zeit und standen unter absolut keinem Zeitdruck. Auch wenn sie einmal an einem Tag nur zehn Kilometer zurücklegten, waren sie immer guter Laune und ganz zuversichtlich, es auf jeden Fall bis Santiago zu schaffen.

Anschließend ging ich mit Silvia weiter. Sie hatte sich inzwischen den Ort genauer angeschaut und war von Foncebadón derart begeistert, dass sie in Erwägung zog, hier einmal Hospitalera zu sein. Eigentlich aber war sie betrübt, weil sie nur noch zwei Tage hatte und dann zurück nach Hause musste. Im nächsten Jahr wollte sie die restliche Strecke gehen, das gefiel ihr jetzt gar nicht mehr.

Ich konnte sie gut verstehen. Ich hätte es auch schrecklich gefunden, jetzt abbrechen und den Camino verlassen zu müssen. Es hat etwas ganz Besonderes, den Weg an einem Stück zu gehen. Ihn etappenweise zu laufen, muss eine völlig andere Erfahrung sein, denn man trifft dann auf keinen Fall wieder mit Leuten zusammen, die schon am Anfang mit dabei waren. Aber ganz unabhängig davon, fand ich es für mich wundervoll, den ganzen Weg ohne Unterbrechung gehen zu können.

Am Cruz de Ferro wartete ein besonderes Ritual auf alle Pilger. Es hieß, man sollte einen Stein, den man von zu Hause mitgebracht und auf den man alles projiziert hatte, was man in seinem Leben gern loslassen wollte, dort zurücklassen. Ich hatte ein riesiges Eisenkreuz erwartet und war dann ein wenig enttäuscht; denn das Kreuz war recht klein. Es war auf einem etwa fünf Meter hohen Mast befestigt und stand inmitten eines enormen Steinhaufens – Steine, die von Menschen hier niedergelegt worden waren, um negative Gefühle, Sorgen, Ängste und Krankheiten zurückzulassen.

Da ich keinen Stein mitgebracht hatte, hatte ich auf dem Weg hierher einige Steine gesammelt und ließ nicht nur für mich, sondern auch für andere mir nahestehende Menschen einen Stein zurück, dem ich jeweils das zugeordnet hatte, was diese Menschen gerne losgeworden wären. Für mich selbst ließ ich meine kleine Jakobsmuschel aus Berlin hier und kaufte mir in Manjarín eine neue – mit dem Jakobskreuz darauf.

Estás en Manjarín

Peregrino que subes montes
Para ver horizontes,
Alma errante y dolorida

Con hambre de verdades,
Que busca soledades
Para tener compañia.

Mente vagabunda peregrina,
que vuela más que camina,
que aún no llega, y ya se va.

Tu camino va a Santiago,
y tu... ¿adónde vas?

a: Manjarín
Peregrino Manuel

Du bist in Manjarín

Pilger, der du Berge erklimmst,
um Horizonte zu schauen.
Herumirrende, schmerzerfüllte Seele

voller Verlangen nach Wahrheiten,
Der du Einsamkeiten suchst,
um Gesellschaft zu finden.

Vagabundierender Pilgergeist,
der eher fliegt als wandert,
Der, noch nicht angekommen,
schon wieder fortgeht.
Dein Weg geht nach Santiago,
und du, wohin gehst du?

für: Manjarín
Pilger Manuel

Manjarín ist ein verlassener Ort, wo ein Mann namens Tomás seit 1993 eine ganz einfache Herberge führt. Sie besteht aus mehreren Holzhütten. Es gibt hier keinen Strom und auch kein fließendes Wasser. Vor einem kleinen Laden stehen grobe Holztische und Bänke, die zur Rast einladen; man kann sich gegen eine Spende mit Tee oder Kaffee und Keksen stärken. Drinnen werden Postkarten verkauft, Jakobsmuscheln, CDs und allerlei Souvenirs. Silvia blieb noch länger hier – vielleicht blieb sie über Nacht? Auf jeden Fall konnte sie sich nicht losreißen, und nachdem ich einen Tee getrunken und das kleine Gedicht abgeschrieben hatte, das ich im Gästebuch fand, wanderte ich allein weiter, während sie in ein Gespräch mit Tomás vertieft war. Er hatte sich diesen Ort ganz primitiv selbst aufgebaut, liebte es, hier zu leben und die Pilger zu empfangen. Leider war er nicht bei allen Einheimischen wohlgelitten. Sie empfanden ihn als Fremden, als Eindringling; denn er kam nicht aus dieser Gegend Spaniens. Schon mehrmals hatten sie seine Schilder umgestoßen und seine Hunde vergiftet!

Der Weg nach Molinaseca führte durch eine grandiose Landschaft und immer wieder gab es herrliche Ausblicke in weite, grünbewaldete oder auch enge, schroffe Täler. Die letzten Kilometer lief ich gemeinsam mit einer Frau aus Brasilien. Kurz vor El Acebo stürzte sie, verletzte sich aber zum Glück nur leicht am Knie und Ellenbogen. Wir machten Rast in einer kleinen Bar, wo sie ihre Wunden versorgte und ich für sie bestellte, denn wieder einmal hatten die Spanier hier Schwierigkeiten, ihr Spanisch mit dem eindeutig südamerikanischen Akzent zu verstehen. Ursprünglich hatte ich in El Acebo bleiben wollen, aber nun entschied ich mich weiterzuwandern und wechselte lediglich in meine Sandalen. Riego de Ambros war unvermutet malerisch und bestimmt ein guter Ort zum Verweilen, aber ich war so gut in Fahrt, dass ich immer noch nicht bleiben wollte.

Beim Anblick der schönen romanischen Brücke am Ortseingang von Molinaseca war ich begeistert. Ich war inzwischen auch müde, so dass ich am liebsten gleich in dem kleinen Hotel direkt am Fluss abgestiegen wäre und mich so schnell wie möglich zu den Badenden im Fluss gesellt hätte. Aber der Rezeptionist war sehr unfreundlich. Als ich nach dem Preis für ein Einzelzimmer fragte, antwortete er ziemlich schroff und von oben herab: „45 Euro, aber wir sind komplett." – das habe ich ihm nicht geglaubt. Viel eher hatte ich den Eindruck, er wollte auf keinen Fall eine Pilgerin unter seinem Dach haben.

Überhaupt schien es in Molinaseca so, als wären Pilger nicht gut angesehen. Als ich das Hotel etwas enttäuscht wieder verließ, traf ich das Paar aus Astorga und wir liefen gemeinsam die Hauptstraße hinunter. Ein kleines Kind kam mit seinen Eltern an uns vorüber und sagte: „Die riechen schlecht." Wir wussten nicht mit Sicherheit, ob es wirklich uns gemeint hatte, aber wen sonst? Wir sahen uns verdutzt an und lachten nur. Tatsache ist, dass auch ich niemals gedacht hätte, dass man als Pilger seine Sachen täglich waschen würde. Es gab natürlich ein paar, die tatsächlich stark nach Schweiß rochen, aber ich glaube, die nahmen es auch zu Hause mit der Hygiene nicht so genau. Die meisten waren jedoch stets „wie aus dem Ei gepellt".

Der Camino durch Molinaseca

Die Herberge lag außerhalb des Städtchens. Auf dem Weg dorthin lief mir Susanne mit Kevin über den Weg. Ich hatte sie am Tag zuvor, auf dem Weg hinaus aus Astorga, kennengelernt. Sie wollten gerade einkaufen gehen und Susanne fragte, ob sie mir etwas mitbringen könnte. Ja, ein paar Bananen. Sie hat sie mir später geschenkt!

Ich fand ein Bett oben über einem jungen Schweden, der mit einer Schlafmaske schlief. Nach meiner Siesta fand ich dann noch ein Bett unten, direkt neben dem Fenster. Ich vermute, dort wollte niemand liegen, weil es schrecklich zog, aber ich drehte mich einfach um und schlief mit dem Kopf am Fußende. So war es hervorragend.

Hier kam ich das erste Mal mit den beiden französischen Schwestern Monique und Odile ins Gespräch, die zusammen mit einem befreundeten Ehepaar unterwegs waren. Sie waren im vorigen Jahr in Roncesvalles gestartet und bis Burgos gelaufen. In diesem Jahr wollten sie nun ihre Pilgerschaft vollenden.

Ich leistete mir einen Waschmaschinengang und wusch meine sämtlichen Sachen, so dass ich zwei Stunden in schwarzer Unterhose und blauer Bluse herumlief. Eigentlich war das bei der Temperatur eine angemessene Bekleidung, aber wohl nicht in Spanien! Ich aß in der kleinen Bar, die zur Herberge gehörte, eine Thunfisch-Empanada und trank ein Bier dazu. Dabei konnte ich das unangenehme Gefühl nicht loswerden, dass mich die Spanier sehr exotisch fanden und fühlte mich ein wenig unbehaglich.

Abends ging ich noch einmal ins Städtchen. Am Fluss sitzend, trank ich eine Milch. Es war wirklich schön dort, die romanische Brücke ungemein malerisch; dennoch kam mir diese Bar ein wenig verkommen vor. Ein Schild über der Tür wies darauf hin, dass man hier keinerlei Drogen kaufen könne und es verboten sei, damit zu handeln...

27. Tag
Montag, 18. Juli 2005
Molinaseca →Ponferrada → Bar la Ermita
en Fuentes Nuevas → Cacabelos   **24 km**

Der Weg nach Ponferrada war öde und furchtbar lang. Er schlängelte sich von Molinaseca aus in ein weites Tal hinab, dessen kleine Dörfer früher wahrscheinlich belebte Orte gewesen waren, aber heutzutage war es hier absolut tot – wie in allen Vororten einer größeren Stadt. Abgesehen von einer kleinen romanischen Brücke und einer Kapelle lohnte sich dieser Umweg in keiner Weise, und ich wäre besser auf der Landstraße geblieben, die eine direkte Verbindung zwischen Molinaseca und Ponferrada bildet.

In einer kleinen Gasse hatte ich dann meine erste „Hundebegegnung". Ich habe in fast allen Büchern über den Jakobsweg etwas über unheimliche oder zumindest unangenehme Begegnungen mit (wilden) Hunden gelesen und muss gestehen, dass ich mich eine Zeitlang vor solchen Begegnungen gefürchtet habe. Allerdings überwand ich diese Furcht irgendwann, und tatsächlich waren mir nie wilde Hunde begegnet. Alle Hunde, an denen ich bisher vorbeigekommen war, waren entweder angebunden oder sie kümmerten sich überhaupt nicht um mich oder die anderen Pilger. Sie waren es gewöhnt, dass ständig jemand vorbeilief und hoben nicht einmal den Kopf. Heute kam mir hier ein ganz junger Hund entgegengelaufen. Ich streichelte ihn und er begleitete mich ein ganzes Stück, sprang immer wieder schwanzwedelnd an mir hoch und wollte spielen. Irgendwann befürchtete ich allerdings, ich würde ihn gar nicht mehr los, aber schließlich machte er kehrt und rannte zurück in sein Dorf.

Als ich endlich in Ponferrada ankam, war ich schon ziemlich erledigt. Ich hatte Hunger und musste dringend auf die Toilette. Es hatte die ganze Zeit über keine einzige Bar am Weg gegeben, auch hier fand ich erst eine gegenüber der imposanten mittelalterlichen Templerburg. Nach einem ausgiebigen Frühstück ging ich weiter, ohne die Burg, die zu den kulturellen und historischen Höhepunkten des Jakobsweges gehört, zu besichtigen, und nun wurde es erst richtig unangenehm.

Ich fand den Weg nicht, der laut meines Reiseführers an einer schönen Uferpromenade entlangführen sollte, stattdessen führten mich die Pfeile quer durch die gesamte Stadt, und zwar diesmal durch neue, absolut öde Bezirke. Am liebsten hätte ich einen Bus genommen, aber der Busbahnhof war (wie mir eine junge Frau erklärte) nur über einen weiten Umweg zu erreichen. Also hatte ich keine Wahl. Als der Weg an einem alten Steinbruch endlich rechts abbog, wurde es besser, und als ich schließlich die Stadt hinter mir gelassen hatte, wurde er sogar noch richtig schön.

Eine Pause in der Bar la *Ermita in Fuentes* entschädigte mich endgültig für die ganze Qual und die Herberge in Cacabelos war dann eine echte Belohnung. Wieder einmal gab es Doppelzimmer. Ich teilte meines mit einer alleinreisenden Französin – das war sehr schön. Monique und Odile waren eben-
falls hier, und ich bewunderte Moniques Wanderstab. Sie schnitzte ebenso an ihrem Wanderstab wie ich, allerdings war sie eine wahre Künstlerin. Sie hatte das kleine Haus auf dem Taufbecken von Redecilla del Camino hineingeschnitzt und noch viele andere hübsche Motive. Mein Stab sah eher aus, als hätte ich nur darauf herumgekratzt – nun, mehr hatte ich tatsächlich nicht getan.

Taufbecken in Redecilla

Später tauchten Isabel, Ramón und Pedro auf – welche Freude. Ich hatte geglaubt, sie wären schon über alle Berge. Isabel hatte immer noch ihr Vögelchen bei sich. Es flog leider nicht, und ich schenkte ihr meine Wäscheleine, damit sie sich den Vogelkarton um den Hals hängen konnte.

Ramón musste unbedingt zum Arzt. Er hatte seit Tagen eine Blase am Hacken, die er nicht versorgt hatte und die nun schon ziemlich entzündet war und eiterte. In jedem etwas größeren Ort gab es ein *Gesundheitszentrum*, in dem man kostenlos erste Hilfe in Anspruch nehmen konnte. Das suchten wir jetzt auf.

Später gingen wir noch ein bisschen bummeln. Die kleine *Plaza Nueva*, etwas abseits vom Camino und den Tourismus-Läden, war entzückend und angenehm still. Die gut erhaltenen alten Häuser hatten hübsche schmiedeeiserne Balkons und große Platanen beschatteten kleine Straßencafés. Gerne wäre ich dort geblieben, aber diesmal zog ich Gesellschaft vor und ging mit den Dreien weiter. Wir suchten schließlich ein Restaurant für das Abendessen und fanden dann auch eines mit dem typischen Pilgermenü direkt auf dem Jakobsweg. Das Essen schmeckte gut, und ich genoss es, wieder einmal mit Isabel, Ramón und Pedro zusammen zu sein.

Cacabelos ist eine hübsche kleine Stadt. Die Herberge liegt am Ortsausgang ganz nah am Flüsschen Cúa, in dem man auch baden kann. Ich schlief gut in dieser Nacht und erfreute mich an dem Luxus, mit nur einer Person das Zimmer zu teilen. Aufgrund mangelnder Sprachkenntnisse auf beiden Seiten konnten wir leider nicht viel mit-einander reden.

Auf dem Weg nach Villafranca del Bierzo

28. Tag
Dienstag, 19. Juli 2005
Cacabelos → Villafranca del Bierzo   **8 km**

Als ich erwachte, war ich allein. Ich hatte schon so gut wie entschieden, an diesem Tag nur die kurze Strecke bis Villafranca zu gehen. Alles in allem hatte ich genügend Zeit und konnte gelassen noch einen Ruhetag einlegen. Dennoch hätte ich auf eine Durchfallattacke gerne verzichtet. Gott sei Dank war meine Zimmergenossin bereits fort – da ich ihr erzählt hatte, dass ich etwas länger schlafen wollte, war sie leise aus dem Zimmer geschlichen. Auf der Toilette traf ich Isabel, sie hatte ebenfalls Durchfall. Wir beschlossen, die nächsten Tage nur noch gekauftes Wasser zu trinken, obwohl natürlich keiner wusste, ob es am Wasser lag. War etwas mit dem Essen gestern nicht in Ordnung gewesen? Aber Ramón und Pedro hatten keinerlei Beschwerden.

Der Weg nach Villafranca führte durch ein weiteres berühmtes und landschaftlich wunderschönes Weinbaugebiet: *El Bierzo*. Ich lief langsam und ganz bewusst, machte mehrmals Pause, um nicht zu schnell an allem vorüberzugehen. Eine kleine Kapelle, die malerisch inmitten sanfter Hügel mit grünen Weinstöcken lag, versuchte ich sogar abzuzeichnen, und mir fiel beim Anblick meiner unbeholfenen

Zeichnung ein, dass jemand einmal gesagt hatte, wenn die Augen etwas Schönes sähen, wollten die Hände es zeichnen. Leider ist mir diese Kunst nicht gegeben. Tatsächlich aber kam mir der Ort wie ein kleines Paradies vor.

Kurz vor Villafranca kam mir Giovanni entgegen. Er war gestern Nachmittag versehentlich an eben dieser Kapelle vorbeigewandert und wollte nun dorthin zurück, um zu beten. Offenbar betete er in jeder Kirche und Kapelle, die am Weg lag!

Als ich die Herberge gleich hinter der berühmten *Santiago-Kirche* erreichte, saß Eberhard auf einer Bank davor und wirkte etwas unglücklich und dennoch zugleich gelassener als bisher. Er wartete auf Fenix, den Hospitalero, der ihn nach O Cebreiro mitnehmen wollte. Welch ein Superfortschritt: Eberhard ließ sich helfen! Aber neue Schuhe trug er immer noch nicht. Er musste noch lange warten. Ich hatte längst mein Bett eingerichtet und mich auch schon ein wenig ausgeruht, da saß er immer noch (inzwischen allerdings in Fenix' kunstvoll gestaltetem, gartenähnlichem Innenhof) und lächelte geduldig. Erst gegen Mittag ging es für ihn endlich weiter.

Villafranca wird auch **Das kleine Santiago** genannt, denn hier wurden im Mittelalter den Pilgern die Sünden vergeben, falls sie erkrankt waren und nicht mehr bis Santiago de Compostela weiterwandern konnten.
Die *Tür der Vergebung*, **„Puerta del Perdón"**, der *Santiago-Kirche* wurde dann geöffnet

Santiago-Kirche mit der Puerta del Perdón

und die Kranken durften hindurchgehen. Heutzutage macht man dies nur noch im Jakobsjahr! Schade eigentlich.

Villafranca ist eine interessante Stadt, sie besitzt einen verwirrend verwinkelten historischen Kern und beeindruckt mit vielen Kirchen, Kathedralen und Klostergebäuden. Ich saß stundenlang am Fluss, direkt gegenüber dem Freibad. Den Übergang zur anderen Seite hatte ich nicht finden können, aber hier war es herrlich. Allerdings war das Wasser derart kalt, dass ich wieder nicht zum Schwimmen kam.

Als ich am Nachmittag in die Herberge zurückkehrte, traf ich auf Philippe. Ich erzählte ihm von Eberhard, und er freute sich, dass es ihm gut zu gehen schien. Vielleicht würde er ihn morgen einholen können. Auch Debbie und Janet waren inzwischen eingetroffen.

Abends ging ich nochmals in die Stadt hinunter, aß eine Kleinigkeit und legte mich dann recht früh schlafen. Die Herberge wurde nicht verschlossen, dennoch waren die meisten Pilger so müde, dass nur einige wenige nach 23 Uhr zurückkamen.

Als ich nachts auf die Toilette ging, wurde ich überwältigt von einer sternenklaren Nacht, in der Gregorianische Gesänge klangen, so als kämen sie geradewegs vom Himmel! Ich setzte mich ein wenig auf eine Bank und genoss das Schauspiel. Am nächsten Tag fragte ich einen der Hopitaleros. Er meinte, es seien Fenix' Gesänge und er könne mir darüber nichts Genaues sagen. Als ich mich später von Fenix verabschiedete und ihn fragte, lächelte er nur geheimnisvoll.

29. Tag
Mittwoch, 20. Juli 2005
Villafranca del Bierzo → Ruitelán   20 km

Es war noch dunkel, als ich zum letzten Mal durch die schöne Altstadt von Villafranca lief, und dann standen wieder einmal zwei verschiedene Wegstrecken zur Auswahl: die eine war einfach und verlief entlang der Landstraße, die andere führte über einen Berg und war schwierig, der Reiseführer versprach jedoch den Vorteil einer schöneren Landschaft und vermutlich völligen Alleinseins. Ich wäre gern die zweite Variante gegangen, aber ein Pilgerpaar hielt mich zurück. Es sei viel zu anstrengend, der Weg sei ungepflegt, man könne sich verlaufen usw. Na gut. So blieb ich eben neben der Landstraße. Der Weg war gut und die Landschaft entpuppte sich auch hier als recht schön. Links plätscherte ein Flüsschen und rechts ragten die Berge in die Höhe. Der Camino war von der Landstraße durch eine circa ein Meter hohe Mauer getrennt, so dass man von den vorbeifahrenden Autos kaum belästigt wurde. Zu dieser frühen Stunde war ohnehin nur wenig Verkehr.

In einer Autobahnraststätte traf ich später Debbie und Janet! Da Debbie die Hitze überhaupt nicht vertrug, machten sie oft ausgiebige Pausen und letztlich wussten die beiden nie, wo sie an dem jeweiligen Tag übernachten würden.

Die Herberge in Vega de Valcarce, in der ich eigentlich vorgehabt hatte zu bleiben, lag direkt an der Straße und sah nicht besonders einladend aus. So beschloss ich weiterzugehen. Aber ich machte dort Rast und wechselte in meine Sandalen. Als ich in Ruitelán ankam, klingelte mein Handy: Mein Mann! Er war nun schon mehrere Tage in Tibet und rief mich täglich gegen zwölf Uhr an. Im Augenblick stand er in Llasa auf einem Aussichtsplatz, direkt gegenüber dem Potala und ich konnte deutlich Stimmengewirr um ihn herum hören. Faszinierend. Es ging ihm gut und allmählich gewöhnte er sich auch an die Höhe.

Noch ganz beglückt von unserem Gespräch und überwältigt von der Tatsache, dass ich soeben Stimmen und Geräusche vom einem Markt auf der anderen Seite der Welt gehört hatte, betrat ich die Herberge, und dann dachte ich, einer Halluzination zu erliegen: Tibetische Klänge empfingen mich, ein großes Bild vom Potala und dem Dalai Lama hingen an der Wand, außerdem sah der Hospitalero aus wie ein waschechter Tibeter. Aber nein, Ángel war „muy español" –sehr spanisch–, wie er versicherte, doch die Herberge hieß tatsächlich *Pequeño Potala* –Kleiner Potala–!

Rafa und Carmen aus Barcelona, die erst seit zwei Tagen auf dem Camino unterwegs waren, teilten sich mit mir das Zimmer, und Debbie und Janet hatten es auch bis hierher geschafft. Dann noch ein Vater mit seinem 12-jährigen Sohn.

Später kam Felix!! Er war völlig aus dem Häuschen vor Begeisterung und Energie. Strahlend kam er auf mich zu und umarmte mich herzlich. Wir waren uns schon in El Burgo Ranero wiederbegegnet und bereits dort war seine Begrüßung derart, dass ich sicher sein konnte, ihn gut zu kennen. Aber ich hatte keinen Schimmer, woher. Hier hatte ich endlich den Mut ihn zu fragen und es stellte sich heraus, dass wir uns auf dem Weg von Zubiri nach Pamplona kennengelernt hatten, wo er noch mit Laura zusammen gewandert war. Sie war in Burgos nach Hause zurückgekehrt und er war seitdem allein unterwegs. Er hatte eine Exkursion ins *Tal der Stille –Valle de Silencio–* unternommen und sprühte vor Energie. Tomás aus Manjarín hatte ihm eine Karte aufgezeichnet – leider hat er sie mir bis heute noch nicht „gebeamt"! Mal sehen, ob er es noch tut, denn ich würde diese Wanderung gerne auch einmal mit meinen Mann und Freunden zusammen machen.

Malte, ein schüchterner, ernster Deutscher, beeindruckte mich. Er lief den Camino, wie er sagte, um „wieder ein lebendigeres Verhältnis zu Gott" zu gewinnen.

Gegen acht aßen wir alle zusammen im großen Esszimmer von Ángel und seinem Gefährten. Die beiden kochten hervorragend, und es wurde ein schöner Abend.

30. Tag
Donnerstag, 21. Juli 2005
Ruitelán → Faba → O Cebreiro → Hospital da Condesa → Alto de Poïo → Fonfría   **21 km**

Heute standen wir alle fast zur gleichen Zeit auf. Ángel bot ein ausgezeichnetes Frühstück an, das die meisten nicht verschmähten, und außerdem den Transport unseres Gepäcks bis nach Fonfría; denn heute sollte es noch einmal anstrengend werden. Ich wusste aber noch nicht, wie weit ich es schaffen würde. Vielleicht war für mich ja in Hospital da Condesa schon Schluss.

Obwohl ich gerne in O Cebreiro übernachten wollte – denn dort stellte ich es mir sehr schön vor – wäre das eine zu kurze Tagesstrecke gewesen. Vielleicht ging ich aber auch noch weiter bis Alto de Poïo, direkt oben auf dem Pass. Dort sollte laut meines Reiseführers eine neue Herberge stehen. Ángel behauptete zwar, das wäre nicht der Fall, dennoch bat ich ihn, meinen Rucksack schon in Hospital da Condesa zu lassen, wo ich ihn mir in der Bar abholen wollte.

Gegen sechs Uhr brachen wir auf, nicht gerade auf einmal, aber in gewisser Weise zusammen – fast alle ohne Rucksack und beflügelt von dieser Leichtigkeit!

Wie immer war es zu dieser Zeit noch recht dunkel. Wir liefen in die Dämmerung hinein, bzw. hinauf; denn ab Ruitelán ging es nur noch hoch, hoch, hoch. Ich musste an den jungen Franzosen von gestern denken, der sich an der kleinen Quelle unten am Fluss erfrischt hatte. Er war völlig erschöpft in Ruitelán angekommen, wollte aber unbedingt noch weiter bis Faba. Obwohl sein Rucksack nur leichte drei Kilo wog, war ihm dieser steile Weg gestern in der Hitze des Nachmittags bestimmt schwer geworden. Jetzt war es wunderbar kühl, es wurde allmählich immer heller und man spürte bereits, dass der Tag wieder heiß werden würde.

In Faba frühstückte ich erst einmal. Kurz nachdem ich den Ort verlassen hatte, rief es plötzlich hinter mir: „Evelin!" – „Evelin!" – „E-V-E-L-I-N ! ! !" – Ich konnte es kaum fassen, es war Michael, der da voller Freude meinen Namen schrie. Michael und Jill und J.J.!! Wir fielen uns in die Arme. Wahnsinn, ich hatte die ganze Zeit gedacht, sie wären schon weit vor mir und bedauert, dass wir uns nicht mehr wiedersehen würden. Und nun waren sie hier. Große Freude bei uns allen vieren.

Sie hatten in Astorga zwei Tage pausiert und waren nun von ihrem Plan, bereits am 25. Juli in Santiago sein zu wollen, völlig abgekommen. Das bedeutete, wir würden vielleicht sogar zusammen in Santiago sein! Toll. Auch sie wollten gerne in Alto de Poïo übernachten, denn auch in ihrem Reiseführer war eine neue Herberge erwähnt.

Dass ich mein Gepäck gerade transportieren ließ, nahmen sie kommentarlos zur Kenntnis. Bis O Cebreiro liefen wir nun zusammen.

Es war ein zauberhafter Ort, aber extrem touristisch. Die Herberge lag wie beschrieben unmittelbar am Waldrand mit weitem Blick hinunter ins Tal und hier gabelte sich wieder einmal der Weg. Ich war noch fit, es war immer noch früh, also entschied ich mich für die Umwegstrecke durch den Wald. Ein herrlicher Weg, auf dem ich keiner Menschenseele begegnete.

Als ich aus dem Wald trat, stand urplötzlich ein riesiger Hund direkt neben mir. Er war so groß, dass mir sein Kopf bis zur Brust reichte. Später in Berlin schaute ich im Internet nach und die Vermutung meines Mannes, es könne ein Irischer Wolfshund gewesen sein, bestätigte sich. Er stand dort ganz ruhig und schaute mich direkt an. Ich war eher überrascht als erschrocken und sagte spontan und auf Deutsch: „Wo kommst du denn her?" Da machte er eine elegant wirkende halbe Drehung und lief mit einem federnd leichten Gang an mir vorbei, den Weg hinauf, den ich gerade heruntergekommen war.

In Hospital zu bleiben, kam nicht in Frage. Es war noch zu früh und ich war viel zu gut in Form. So machte ich lediglich eine Pause in der Bar und holte meinen geliebten Rucksack aus einem kleinen Nebenraum. Oh, ich war wirklich glücklich, ihn wiederzuhaben. Ich wechselte in meine Sandalen und weiter ging's.

Ohne Rucksack zu gehen war gut gewesen, das Gehen selbst war zwar ebenso anstrengend und durch die Sonneneinstrahlung auf dem Rücken sogar etwas unangenehmer, aber ich hatte mich in den Pausen doch erheblich schneller erholen können. Trotzdem war ich froh, meinen Rucksack wieder auf dem Rücken und damit alle meine Sachen bei mir zu haben.

Der Tag war nun brüllend heiß und der Weg hoch zum Alto de Poïo anstrengend, dennoch fühlte ich mich fit und eigentümlich beschwingt. Der Boden war absolut trocken, hart und steinig, trotzdem blühte es überall – kleine lilafarbene, weiße und gelbe Blüten an trocken und widerstandsfähig wirkenden, sehr filigranen Pflanzen. Der oft schmale Weg ging beständig bergauf und fiel auf einer Seite steil abwärts. Am Wegrand flatterten Hunderte von Schmetterlingen, ganz kleine. Weiße und gelb-braune – wunderhübsch war das, und durch die Hitze, die über allem flirrte, fast ein wenig unwirklich.

Plötzlich klingelte mein Handy und ich hörte eine bekannte Stimme: Es war ein alter Freund aus Valencia, mit dem ich schon seit über zehn Jahren nicht mehr gesprochen hatte. Es erschien mir wie ein Wunder, dass er mich jetzt hier mitten auf dem Camino erreichte; denn schließlich hatte ich mein Handy nur eine Stunde täglich eingeschaltet. Die Nummer hatte er von meinem Ex-Mann und von ihm wusste er auch, dass ich auf dem Weg nach Santiago war. Er war beeindruckt und wollte gerne hören, wie es mir erginge. Außerdem würde er eine Woche in Berlin sein und fragte, ob ich dann schon wieder dort sei. Das war tatsächlich der Fall. Wir verabredeten uns für Samstag, den 30. Juli. Wir hatten echt Glück, denn ich kam ja erst am 29. aus Spanien zurück und sein Rückflug war bereits am 31. Wie schön. Ich freute mich sehr auf unser Wiedersehen.

Völlig verschwitzt und erschöpft erreichte ich schließlich den Pass. Jill, J.J. und Michael waren schon da. Ich setzte mich zu ihnen. Es gab hier eine Bar und ein Hostal, aber keine Herberge. Ángel hatte also recht gehabt. Jill amüsierte sich darüber, dass ich meinen Rucksack die anstrengendste Strecke hier hoch, selbst hatte tragen müssen. Ich fand es vollkommen angemessen und außerdem hatte es mir gar nicht so viel ausgemacht. Nach kurzer Zeit fühlte ich mich erstaunlicherweise wieder recht fit.

Seit ein paar Tagen war eine 20köpfige Jugendgruppe unterwegs, und da ich kein Bett hatte reservieren lassen, so wie Carmen, Rafa, Debbie und Janet, die nun inzwischen auch hier oben angekommen waren, bekam ich ein wenig Angst, es könnte vielleicht schon alles besetzt sein. Außerdem ging es Jill mit ihrem geschwollenen Knie ziemlich schlecht. Daher bot ich mich an, die drei Kilometer bis Fonfría vorauszugehen und für uns vier Betten zu reservieren. Ich würde einfach sagen, wir gehörten zusammen, eine von uns hätte eine Verletzung und käme daher nicht schnell genug voran. Also lief ich los und wurde hier oben von einer üppig blühenden Heide-landschaft überrascht. Als ich in der Herberge ankam, war gerade vor mir der Gruppenleiter eingetreten und reservierte auf einen Schlag 21 Betten! Das war eigentlich nicht erlaubt, aber die Hospitalera war eine alte Dame, die für ihren Sohn eingesprungen war. Sie war völlig überfordert und tat, worum man sie bat. Auch für mich reservierte sie anstandslos vier Betten, allerdings der Reihe nach, so dass ich ein Bett oben direkt an der Eingangstür des großen Schlafsaales mit etwa 60 Betten bekam (über Kevin), und Jill, J.J. und Michael drei Betten in einem kleinen Nebenraum mit insgesamt nur acht Betten erhielten. Mir war alles recht. Ich setzte mich, nachdem ich mich mei-nes Rucksacks entledigt hatte, erst einmal sofort in den Empfangs-bereich, aß ein köstliches Schokoladeneis und wartete auf meine kanadischen Freunde.

Nach einer Weile kamen Carmen und Rafa, dann Debbie und Janet. Sie fanden ihre Rucksäcke, aber Ángel hatte keine Betten reserviert! Da standen sie nun und waren fassungslos. Doch sie hatten Glück, es waren gerade noch vier Betten frei. Zwei Österrei-cherinnen dagegen, die kurz darauf eintrafen, mussten weiterziehen.

Leider erlebte Michael diese Nacht als die schrecklichste aller Camino-Nächte, denn obwohl der stille Nebenraum im Grunde sehr angenehm war, sorgte eine ausgelaufene Massageölflasche für einen furchtbar intensiven Zitronenduft und bescherte ihm höllische Kopfschmerzen.

Am Abend gingen wir zusammen mit Kevin essen. Er war Deutscher und zu meiner Überraschung erzählte er, dass er bereits 28 Jahre alt sei und Arzt. Auf mich wirkte er eher wie ein großes gutmütiges und ausgesprochen freundliches Kind – selbstverständlich war er kein *Kind*, aber ich hatte ihn für nicht älter als vielleicht 20 gehalten, eben noch sehr jung, so wie mein Sohn. Er sprach öfter davon, ein Buch mit dem Titel *100 Biere bis Santiago* über seine Pilgerschaft schreiben zu wollen und führte regelmäßig Tagebuch. Probleme mit seinen Knien zwangen ihn hin und wieder, einen Ruhetag einzulegen. Aber er ging damit (wie mit allem) angenehm humorvoll um. Außerdem schien er genügend Zeit zu haben. Wir verbrachten jedenfalls einen schönen Abend mit viel Gelächter und – vorzüglichem Essen. Das Restaurant war außerordentlich gut und vor allem architektonisch ein echtes Original, denn es befand sich in einem der für diese Gegend typischen reetgedeckten Rundhäuser.

Palloza, galicische Rundhütte keltischen
Ursprungs

31. Tag
Freitag, 22. Juli 2005
Fonfría → Biduelo → Tricastela → Samos   19 km

Kevin hatte mir gestern Abend zu meiner Überraschung vorgeschlagen, heute früh zusammen zu gehen. Ich wollte das nicht. Wir würden uns ja auf jeden Fall unterwegs treffen, aber für mich war dieses unabhängige alleine Aufbrechen mit ein Grund, warum ich allein wanderte. Das muss ihn getroffen haben, denn er war heute früh wie der Blitz verschwunden. Ich frühstückte gleich im nächsten Gasthaus in Biduelo, das nur zwanzig Minuten entfernt lag, denn schließlich wusste ich nicht, wann die nächste Gelegenheit sein würde. Dort traf ich die zwei jungen Frauen aus Salzburg wieder, die gestern kein Bett mehr in Fonfría bekommen und hier eine sehr gute Nacht verbracht hatten.

Beim Verlassen von Biduelo lief ich falsch. Fasziniert von einem Schwarm Schwalben schaute ich lange Zeit in die Höhe und folgte dann einfach dem Weg geradeaus weiter, immer noch entzückt von dem wunderschönen Anblick. Bald aber landete ich in einer Art Sackgasse; bei den kleinen abzweigenden Pfaden fand sich kein Pfeil weit und breit, und vor allem kam kein einziger Pilger mehr nach, solange ich hier auch schon suchend herumirrte. Also musste ich zurück und fand den Pfeil, direkt unter den Elektroleitungen, auf denen sich vorher zu meiner Freude die Schwalben getummelt hatten!

Jill, J.J., Michael und ich beschlossen später, den Umweg über Samos zu gehen. Für den heutigen Tag bedeutete dies fünf Kilometer weniger, was für uns alle ein Geschenk war. Der Weg sollte zwar – wie es mein Reiseführer ausdrückte – landschaftlich nicht so schön sein, dafür aber „kunsthistorisch bedeutender". Damit war das Benediktiner-Kloster in Samos gemeint, worin sich auch die Pilgerherberge befand. Diese Abtei im Renaissance- und Barock-Stil ist eine der ältesten und wichtigsten religiösen Zentren Galiciens
Außerdem wurden wir auf diese Weise vielleicht die Jugendgruppe los. Sie war zwar nicht wirklich unangenehm, es waren sympathische Jungen und Mädchen zwischen 16 und 19 Jahren aus verschiedenen spanischen Provinzen und sie verhielten sich auch äußerst diszipliniert – abends ab 22 Uhr war stets Ruhe. Aber eine so große Gruppe brachte doch unweigerlich etwas mehr Unruhe in die Räume. Sie würden wohl kaum den Umweg nehmen, denn sparte man auch heute fünf Kilometer, so würden es morgen bis Sarria insgesamt neun Kilometer mehr sein.

Der Weg nach Samos war dann doch wunderschön. Wahrscheinlich führt der eigentliche Camino so, dass man mehr Aussicht auf die Berge und in die Täler hat, dieser Weg hier führte durch winzige Ortschaften, Wälder, herrliche kleine Wege, viel Grün und absolute Einsamkeit. Es war atemberaubend. Allerdings entging mir nicht, dass die Häuser und Gerätschaften, sehr einfach, um nicht zu sagen arm wirkten. Anders als in der Oberstadt von Navarette, wo mir alles so verwahrlost und elend vorgekommen war, aber hier zu leben war bestimmt hart.

Ursprünglich wurde dieser Weg von kranken Pilgern gegangen, die im Kloster von Samos aufgenommen und gesund gepflegt wurden. Kurz bevor ich dort ankam, machte ich in einer Bar an der Landstraße eine Pause und kam mit einem älteren polnischen Priester ins Gespräch, der mit einem jungen Freund (ich hatte sie für Vater und Sohn gehalten) auf dem Fahrrad von Polen aus unterwegs war.

Auf dem Weg nach Samos

In der Herberge in Samos lernte ich Sarah kennen. Sie war mir auf Anhieb sympathisch und ich gab ihr sofort meine Adresse. Mit ihren bildschönen rötlichen Haaren und den zarten Gesichtszügen hielt ich sie für eine Irin. Tatsächlich ist sie Amerikanerin, spricht ausgezeichnet Deutsch und lebt in Kiel, wo sie Englisch unterrichtet. Zu meiner großen Überraschung war auch die Jugendgruppe wieder hier! Da hatten wir uns also gründlich verrechnet...

Auch Malte war hier, und er rief grüßend zu mir herüber, aber ich war so „im Stress", dass ich nur flüchtig zurückwinkte. Leider sah ich ihn später nicht mehr. Er war wohl einfach zu schüchtern und dachte bestimmt, mir wäre nichts an ihm gelegen. Ich muss auch einen äußerst beschäftigten Eindruck gemacht haben; denn als ich die Herberge betrat, stürzten sich die beiden Hospitaleros sofort auf mich als sie merkten, dass ich Spanisch, Englisch und Deutsch konnte.
Sie waren gerade hoffnungslos überfordert und wollten mich gleich neben sich in einem Bett platzieren. Aber da war die Jugendgruppe und wir schauten uns etwas verlegen an. Ich sagte: „Nein, hier liegen doch die jungen Leute, ich lege mich da drüben hin", etwa vier Meter von der Eingangstür entfernt und sie könnten mich dann jederzeit rufen. Jill, J.J. und Michael hatten sich dort bereits niedergelassen und riefen mich zu sich, die Jugendlichen lachten mir zu, begrüßten mich freundlich und waren offensichtlich dankbar für meine Haltung, „Jugend unter sich" zu lassen.

117

So hatte ich wohl den Eindruck erweckt, alle Welt zu kennen und allseits beliebt zu sein, was ja irgendwie auch stimmte, mich aber nicht davor bewahrte, auch hin und wieder ungewollt irgendwo allein zu sitzen. Vielleicht wollte Malte aber auch gar nicht. Ich jedenfalls hätte es am Abend überaus schön gefunden, mit ihm zu essen und zu plaudern. Gerne hätte ich ihn auch näher zu seinem Verhältnis zu Gott befragt, und mich hätte interessiert, ob er seinem Ziel, „ein lebendigeres Verhältnis" zu ihm zu bekommen, näher gekommen war (oder auch nicht) und inwieweit der Weg zu allem beigetragen hatte und wie es nun aussah, dieses Verhältnis ... Viele Fragen also, aber leider begegnete ich ihm nie wieder.

Jill, J.J. und Michael verlor ich später auch aus den Augen und der Abend in dem Restaurant gegenüber der Herberge war nicht sehr angenehm für mich. Es schmeckte nicht besonders, die Tintenfische waren garantiert aus der Kühltruhe, ähnelten eher Gummiringen und waren extrem fettig. Außerdem gab es keine *ajoaceite* – die köstliche *Knoblauchcreme* dazu, wie es normalerweise in Spanien üblich ist, sondern nur ganz gewöhnliche Mayonnaise, und die auch erst, nachdem ich darum gebeten hatte.

Kloster von Samos

Die Bedienung war zwar nicht ausgesprochen unfreundlich, aber da ich nicht in den Speisesaal ging und ein Menü bestellte, sondern in der Bar blieb und nur ein Bier und eine Portion Calamares wollte, auch nicht gerade freundlich. Die übrigen Gäste waren fast ausschließlich Männer und ich fühlte mich unter ihren Blicken äußerst unwohl.

Am Nachmittag, nach Dusche und Siesta, war ich eine Weile mit Jill, J.J. und Michael unterwegs gewesen. Wir hatten zusammen das Kloster besichtigt, waren einkaufen gegangen und ich hatte ihnen zu einigermaßen ordentlich belegten Bocadillos verholfen. Um sechs waren wir dann gemeinsam zum Gottesdienst gegangen und wie schon ein paar Mal zuvor, hatte ich das Gefühl gehabt, dass Michael eher nicht religiös war, im Gegenteil zu Jill und J.J., die ich andächtig beten sah und die noch zum Abendmahl blieben. Sie sagten auch öfter mal „God bless you", –Gott segne dich– zu mir.

118

Michael dagegen wirkte auf mich eher atheistisch. Er schien wie ich die Gottesdienste aus Interesse an den Gesängen zu besuchen, und manchmal kam es mir vor, als belächelte er das Ganze ein bisschen. Ich verließ jedenfalls den Gottesdienst vorzeitig und suchte einen Geldautomaten; denn tatsächlich hatte ich meine Reisekasse von 1000 Euro bereits verbraucht.

Bevor ich essen ging, durfte ich noch eine halbe Stunde Hospitalera spielen. Die beiden echten wollten gerne zusammen essen und baten mich, sie zu vertreten. Die Herberge lag direkt neben einer kleinen altmodischen Tankstelle, die sich **im** Klostergebäude befand (!) und es stank die ganze Zeit, während ich vor der Herberge saß, erbärmlich, besonders als eine Gruppe Motorradfahrer auftauchte und ordentlich Gas gab.

Kirche des Klosters in Samos

32. Tag
Samstag, 23. Juli 2005
Samos → Sarria → Barbadelos → Morgade   **25 km**

Ich brach sehr früh auf an diesem Morgen. Tage später erst stellte ich fest, dass meine Uhr aus irgendeinem Grunde plötzlich zwanzig Minuten vorging! Es war stockdunkel, aber Samos zog sich lang hin und war mit Straßenlaternen gut beleuchtet. Ziemlich am Ende des Ortes stand ein Denkmal, das erstmals eine Frau zeigte. Allerdings: Ein alter Pilger und eine junge Frau mit Sohn... Jill und ich sollten später beschließen, ein **Pilgerinnen**-Denkmal zu stiften, wenn wir mal irgendwann viel Geld hätten. Es waren so viele Frauen unterwegs – sehr viele allein, die Denkmäler aber, an denen wir vorbeigekommen waren, zeigten immer nur Männer!

Auch an diesem Morgen war noch eine Frau außer mir unterwegs. Sie war Ungarin und sprach nur wenig Englisch, trotzdem war mir ihre Anwesenheit angenehm. Irgendwann bog der Weg rechts in einen Wald ab. Es war immer noch ziemlich dunkel und als wir einen kleinen Ort erreichten, übersahen wir den gelben Pfeil. Wir liefen mit unseren Pilgerstöcken in das Dorf hinein, klack, klack, klack. Plötzlich ging ein Fenster auf und eine Frau rief uns hinterher: „Sie sind hier falsch, sie müssen zurück und am Anfang des Dorfes nach rechts!"

Wir riefen ihr dankbar ein „Muchas Gracias!" zu, und die Ungarin bekreuzigte sich und dankte auch Gott für seine Fürsorge.

Allmählich wurde es heller und schnellen Schrittes war meine Begleiterin bald verschwunden. Ich lief langsam weiter. Inzwischen hatte ich gelernt, das Gehen selbst wirklich zu genießen. Ich hatte es nicht eilig. Allein die Tatsache, dass ich hier vom Weg geschützt durch Gegenden laufen konnte, die ich unter anderen Umständen ohne Angst nicht zu gehen gewagt hätte, genoss ich in vollen Zügen. Für eine kleine Müsli-Riegel-Frühstückspause setzte ich mich auf einen Baumstamm und fragte mich, was diese Frau wohl zu so großer Eile antrieb. Ganz offensichtlich wollte sie keinen Kontakt, sie hatte scheu gewirkt, fast ängstlich. Vielleicht hatte sie ein Schweige-gelübde abgelegt?

Hinter Sarria kehrte ich in einer Landstraßen-Raststätte ein. Während ich dort gemütlich vor der Tür saß und ein Eis löffelte, wanderten auf der anderen Seite alle vorüber, ohne mich zu bemerken. Nur Debbie und Janet entdeckten mich und winkten mir zu.

Kurz vor Ferreiros (in dem kleinen Ort Morgade) sollte es eine schöne private Herberge geben. Dort wollte ich bleiben. Bevor ich ankam, hatte ich meine dritte Begegnung mit einem Hund. Diesmal wurde ich tatsächlich „verbellt". Von meinem Weg, der eine weite Linkskurve beschrieb, ging rechts ein schmaler Sandweg ab. Da kein Pfeil zu sehen war, blieb ich auf dem Weg, auf dem ich mich befand, kam jedoch nur wenige Meter weiter. Dort lag ein Schäferhund, er war angebunden, hob den Kopf als ich kam und fing an zu bellen – nicht wild oder bösartig, eher ruhig und bestimmt. Auf jeden Fall wagte ich mich nicht an ihm vorbei, ging zurück und folgte nun dem schmalen Sandweg, der in großem Bogen auf eine Anhöhe führte. Von dort konnte ich erkennen, dass sich unten lediglich zwei Bauern-höfe befanden. Ich war also wirklich falsch gewesen und der Hund hatte mir dies wohl nur mitteilen wollen. An der nächsten Weggabe-lung fand ich endlich wieder einen gelben Pfeil.

Als ich in Morgade ankam, traute ich meinen Augen nicht: Der Ort bestand lediglich aus zwei Bauernhöfen und einer auf den ersten Blick kleinen Gaststätte, war also eigentlich gar kein Ort. Doch die Gaststätte bot „Betten" an, musste also die Herberge sein. Und was für eine! Das Haus war außerordentlich schön restauriert, entpuppte sich als recht groß, alles war neu und die Duschräume und Toiletten eine wahre Pracht. Auf dem Weg ins Zimmer musste ich das Restau-rant durchqueren, und wer saß dort und rief begeistert: „Evelin!"? Debbie und Janet! Ich war ebenso erfreut wie sie, winkte ihnen zu und ging sofort (nachdem ich meinen Rucksack aufs Bett gelegt hatte) zu ihnen – ohne zu duschen, ohne Siesta – und aß einen Salat, während sie ein Pilgermenü zu sich nahmen. Sie wiederzusehen war wirklich eine Freude.

Mein Zimmer hatte nur vier Betten – B e t t e n ! Keine doppelstöckigen Liegen. Zu meiner großen Freude war Sarah aus Samos hier wieder meine Bettnachbarin. Und dann teilte noch ein älterer Spanier mit uns das Zimmer. Er hatte heute seine Pilgerschaft in Sarria begonnen; das machen recht viele Spanier: Sie gehen lediglich die letzten 100 Kilometer zu Fuß.

Abends aßen wir alle zusammen an einer großen Tafel, ein kanadisches Paar aus Vancouver war auch dabei, und ich erfuhr, dass es dort überaus oft und in so unterschiedlicher Art und Weise regnet, dass man eigentlich viele verschiedene Wörter haben müsste, um die vielen verschiedenen Regenarten zu unterscheiden! Ähnlich wie die Inuits viele verschiedene Wörter für Schnee kennen.

Außerdem gehörte noch ein junger Mann zur Runde – mit diesen Dreien hatte Sarah sich angefreundet und wanderte mit ihnen den Rest der Strecke.

Ich fand es herrlich in Morgade. Eine himmlische Ruhe lag über allem. Etwas oberhalb der Herberge stand eine kleine Kapelle. Leider hatten viele Leute Zettelchen und sonstigen Kleinkram hineingelegt, so dass sie innen vermüllt wirkte und wenig ansehnlich war. Von außen aber war sie hübsch frisch weiß angestrichen und passte malerisch in die Landschaft.

Bis zum Sonnenuntergang saß ich direkt davor auf einem Mäuerchen in der Sonne und genoss den wunderschönen Blick über das weite Tal und auf eine riesige Kuhherde, die später dann an uns vorbei nach Hause getrieben wurde. Kühe sind herrliche Tiere, irgendwie majestätisch.

Miguel und sein Sohn
vor dem Grenzstein Galiciens

33. Tag
Sonntag, 24. Juli 2005
**Morgade →Ferreiros →Gonzar →Hospital de la Cruz
→Ventas de Narón**   **23 km**

Die laut meines Reiseführers „halsbrecherische" Strecke hinunter nach Ferreiros erwies sich als nicht besonders mühsam. Später erfuhr ich, dass Jill, J.J. und Michael in Ferreiros zwischen all den Jugendlichen auf dem Boden hatten schlafen müssen – denn nun begann die Strecke voll zu werden.

Es fing an zu regnen. Erst leicht, später immer stärker und andauernd. Es war kein wirklich heftiger Regen, eher nieselig, trotzdem sehr unangenehm. Ich zog meine Regenjacke mehrmals an und aus, legte den Rucksack-Regenschutz an, nahm ihn wieder ab, was ziemlich dumm war, denn später war der Rucksack unangenehm nass, aber ich kam mir überbesorgt damit vor. Schließlich ließ ich die Jacke an, obwohl es dafür eigentlich zu warm war. Ich schwitzte und blieb etwas genervt in Ventas de Narón, obwohl es hier wirklich nicht besonders schön war. Die Zimmer waren eng, warm und rochen muffig – was natürlich hauptsächlich dem feuchten Wetter geschuldet war. Die Duschen waren ebenfalls eng und alles wirkte ein wenig unappetitlich, obwohl es nicht wirklich schmutzig war.

Zunächst hatten ein paar Franzosen (mit denen ich zeitgleich hier eingetroffen war) und ich den Eindruck, die Herberge sei völlig ausgestorben, aber dann entpuppte sie sich als fast schon belegt. Es gab unten am Empfang niemanden. Die Hospitaleros kamen erst gegen Abend, um die Pilger in ein Buch einzutragen. Kassiert wurde nicht, denn die staatlichen Herbergen in Galicien sind kostenlos. Man kann natürlich spenden. Hier gab es aber nichts, wohinein man das Geld hätte legen können, und so war dies die erste und einzige Herberge, in der ich wirklich nichts bezahlt habe. Die Duschen waren gemischt, doch es regelte sich automatisch (bzw. ohne groß darüber zu sprechen), dass entweder gerade Frauen darin waren oder Männer. Es gab eine kleine spanische Gruppe mit einem einbeinigen Mann, der die ganze Zeit furchtbar laut telefonierte. Den anderen war das sichtlich peinlich und mich nervte es enorm.

Kevin war auch hier und ich ging später mit ihm hinüber ins Hotel-Restaurant. Ich bestellte **Pulpo a la Gallega** *–Tintenfisch auf galicische Art:* gekocht, nur mit Salz und Paprika gewürzt. Es schmeckte widerwärtig! Soll aber eine besondere Spezialität sein. Die Pommes dazu waren unter jeder Kritik. Ölig, weich – einfach ungenießbar. Die Köchin gab dies auch ohne weiteres zu, die Kartoffeln kämen aus dem Ausland, meinte sie, und seien schlecht zu *Patatas Fritas* zu verarbeiten. Ich war verärgert. Warum sagten sie den Gästen so etwas nicht oder empfahlen einfach etwas anderes!!?? Die Makkaroni sollen laut Debbie und Janet hervorragend gewesen sein.

Debbie und Janet waren in diesem Hotel abgestiegen. Sie liebten es, ab und zu ein Doppelzimmer zu bewohnen und den Herbergen auszuweichen. Wir lernten ein Paar aus Valencia kennen. Sehr sympathische, vielleicht ein wenig überschwängliche Leute, besonders in ihrer Begeisterung für alles Amerikanische. Sie hatten ihre Pilgerschaft in Roncesvalles begonnen, hatten insgesamt sechs Wochen Zeit, und wenn sie in Santiago einträfen, erwartete sie dort ihre ganze Familie. Mit allen zusammen würden sie dann ihre Silberhochzeit feiern!

34. Tag
Montag, 25. Juli 2005 – „Jakobstag"
Ventas de Narón→Palas del Rei→Casanova→Coto   19 km

Als ich morgens die Herberge verließ, bat ich Kevin mir zu zeigen, wie ich den Weg abkürzen könnte. Die Pfeile wiesen in die entgegen gesetzte Richtung; man sollte nämlich zurücklaufen, um sicher über eine Brücke geführt auf die andere Straßenseite zu gelangen, aber zu dieser Stunde war hier kein einziges Auto unterwegs und es wäre völlig unsinnig gewesen, diesen Umweg zu machen. Kevin zeigte mir bereitwillig den Weg auf der anderen Seite und so lief ich einfach quer über die Autobahn dorthin. Der Weg wurde dann wieder überaus schön. Heute war Feiertag und ich wollte, dass es auch für mich ein besonderer Tag werden sollte. In meinem Reiseführer hatte ich gelesen, dass es kurz vor der kleinen Stadt Leboreiro eine Ortschaft geben sollte, in der man hervorragend in einem Hotel absteigen konnte. Längst war ich völlig darauf eingestimmt, Städte zu vermeiden und in kleinen Orten zu bleiben. Nachdem ich bereits mit dem Bus gefahren bin und mit der Bahn, getrampt bin und mir den Rucksack habe voraustragen lassen, wollte ich heute das Letzte ausprobieren, was ich noch nicht ausprobiert hatte: eine Nacht in einem Hotel! – Wenn es denn nicht zu teuer wäre.

Es wurde nicht zu teuer: 25 Euro kostete das Einzelzimmer und es war herrlich. Ich fühlte mich wie eine Königin. Ein eigenes Zimmer. Ein breites Bett mit frischen weißen Bettlaken, ein Badezimmer mit Badewanne und herrlich frischen und flauschigen weißen Frottee-Tüchern. Badeschaum, duftende Seifenstückchen – ach, alles ganz wunderbar. Hinzu kam, dass die Señora wirklich besonders reizend war. Sie wusch meine Kleidung und nach meiner Siesta brachte sie sie mir getrocknet ins Zimmer zurück!

Debbie und Janet übernachteten auch hier und noch ein Paar aus Belgien, das ich mit meiner Begeisterung angesteckt hatte. Jill, J.J. und Michael machten nur eine kurze Rast. Nachdem ich mich eingemietet hatte, war ich sofort wieder hinausgelaufen, hatte ein Bier mit ihnen getrunken und begonnen, sie zu überreden, doch auch hier zu bleiben. Aber sie wollten nicht. Nein, sie wollten bis Leboreiro in die Herberge, trotz ihrer Befürchtung, noch einmal eine Nacht auf der Isomatte verbringen zu müssen. Ganz offensichtlich gehörte das auschließliche Übernachten in Herbergen fest zu ihrer Pilgerschaft...

Da Feiertag war, kamen etliche Gruppen und Familien festlich gekleidet zu einem Umtrunk in das kleine Hotel. Sie saßen gemeinsam im Garten an großen Kaffeetafeln und sangen galicische Lieder. Das Wetter war heute trocken geblieben, aber es wehte noch immer ein recht heftiger Wind. Daher hatte man große Planen gespannt, in deren Windschatten wir alle gemütlich und geschützt saßen.

Ich schlief sehr gut in dieser Nacht, doch das tat ich in den Herbergen auch. Das Beste war das Bad, genauer gesagt: die Badewanne. Ich badete **zweimal**, einmal gleich nachdem ich mich von Jill, J.J. und Michael verabschiedet hatte und noch einmal am nächsten Morgen, bevor ich weiter wanderte. Herrlich!

35. Tag
Dienstag, 26. Juli 2005
Coto →**Leboreiro** →**Melide** →**Boente** →**Ribadiso**   **17,5 km**

Auch heute hatte ich die Absicht, wieder **vor** der nächsten Stadt halt zu machen. Mein Zeitplan war hervorragend, ich brauchte mich nicht zu beeilen. Ich lief einen Teil des Wegs mit Debbie und Janet, aber nur eine kleine Weile, denn sie hatten einen völlig anderen Rhythmus. So verloren wir uns aus den Augen und trafen uns auch nicht mehr wieder.
Aber die zwei sind später ebenfalls gut in Santiago angekommen und anschließend sogar noch bis Finisterre gewandert.

In Ribadiso kam ich um etwa 12.30 Uhr an, wo bereits viele Pilger vor der Herberge warteten. Ich entdeckte Kevin und stellte mich zu ihm. Der Franzose, der in Viana meine Tasche repariert hatte, stand mit seiner Frau hinter mir und sagte, wenn ich hier bleiben wolle, sollte ich mich lieber richtig anstellen. Verärgert ging ich ans Ende der langen Schlange und wartete dort allein bis die Herberge um 13 Uhr öffnete. Was hätte es schon ausgemacht, wenn ich bei Kevin stehen geblieben wäre?!

Ich war ziemlich erschöpft und schlecht gelaunt, schon allein deswegen, weil nach meiner Uhr längst 13 Uhr vorbei war. Die Hospitalera war dann auch noch so eine wichtigtuerische dumme Person, die mir ein Bett oben zuwies, auf das ich nicht hinaufklettern konnte, weil es mit der Seite, an der sich die Leiter befand, nur zehn Zentimeter von der Wand entfernt stand! Das konnte nicht ihr Ernst sein. Ich hatte sie doch ganz freundlich um ein Bett **unten** gebeten und ihr gesagt, dass ich völlig erledigt sei. Wenn das nicht wirklich so gewesen wäre, wäre ich weitergelaufen, so aber unterbrach ich müde ihre langatmigen Erklärungen und forderte sie auf, mir endlich zu sagen, welches Bett ich haben könnte. Sie blieb bei diesem und ging wütend hinaus. Ich war wieder einmal den Tränen nahe. Wie sollte ich da hinaufkommen? Unten lag ein Italiener. Gott sei Dank verließ er bald den Raum, und ich schob kurzentschlossen das ganze Etagenbett einen halben Meter von der Wand weg. Endlich konnte ich hochklettern und mich hinlegen!

Später kam Miguel mit seinem Sohn Juan, der seit Burgos mit ihm den Camino ging. Marisol und Encarna hatten nach Sevilla zurückkehren müssen. Sie würden im nächsten Jahr ihren Jakobsweg vollenden. Allerdings war die Herberge bereits „komplett". Miguel und Juan mussten nach einer Rast weiterziehen.

Ich aß mit dem französischen Paar aus Viana zu Abend. Sie waren im Grunde ziemlich nett. Die Frau sprach recht gut Englisch, der Mann sogar sehr gut Deutsch, denn er hatte als Kind mehrere Jahre in Deutschland gelebt! Hier lernte ich endlich, dass *Platos Combinados* (= Gemischte Tellergerichte) genau das waren, was ich immer gern gehabt hätte: kein Menü, sondern ein einziger Teller mit Salat, Fleisch oder Fisch und Pommes dazu ... leider kam dieses Wissen nun zu spät.

Ein Freund hatte den beiden für jeden Tag einen Sinnspruch mitgegeben. Sie sollten morgens immer einen Spruch ziehen und dann während des Gehens darüber meditieren. Er reichte mir den Umschlag und ich zog Goethes **„Was Menschen nicht aus Erfahrung kennen, können sie einfach nicht verstehen".**

Das passte ungemein gut für diesen Tag. Genau so war es mit der Hospitalera gewesen: Sie war mit Sicherheit den Jakobsweg nie selbst gegangen, sonst hätte sie mir niemals ein Bett oben zugewiesen, auf das man nicht klettern konnte. Und dies, obwohl ich sie ganz freundlich um ein Bett unten gebeten hatte. Ihr ging es einzig und allein darum, die Betten „klug" zu verteilen, so dass Paare immer zusammen untergebracht werden konnten – dabei waren die meisten Betten noch frei, als ich ins Zimmer geführt wurde, und es waren schließlich viele Alleinreisende unterwegs.

Ich hatte das Gefühl, eine Antwort auf das Warum dieses Erlebnisses erhalten zu haben, ja mehr noch: Mir wurde durch diesen Spruch klar, dass das Verhalten der Hospitalerea nichts mit mir zu tun gehabt hatte. Irgendwie stimmte mich das versöhnlich und ich fühlte mich sofort sehr viel besser. „Goethe sei Dank!"

36. Tag
Mittwoch, 27. Juli 2005
Ribadiso → Arzua → Santa Irene → Pedrouzo
→ Lavacolla→ Villamaior → San Marcos
→ Monte del Gozo   **39,5 km**

Erneut ging ich viel zu früh los – dass meine Uhr vorging, hatte ich immer noch nicht gemerkt. Ich ging davon aus, dass es 5.50 Uhr sei, tatsächlich war es erst 5.30 Uhr, und es wurde und wurde nicht hell. Prompt ging ich dann auch in die falsche Richtung und musste wieder zurück. Später stellte ich fest, ich hätte ruhig weiterlaufen können, der „richtige Weg" war eigentlich ein Umweg, und wir landeten eine halbe Stunde später wieder auf derselben Landstraße. Na, egal. Ich hatte mich inzwischen einer spanischen Familie angeschlossen, die Taschenlampen dabei hatte, weil sie immer so früh losging.

Kurz vor Arzua kamen wir an einem kleinen Hotel mit einer bereits geöffneten Bar vorbei, in die ich sofort einkehrte. Ich hoffte auf ein gutes Frühstück und auch darauf, Miguel und Juan dort anzutreffen. Aber die beiden schienen noch weitergelaufen zu sein. Das Frühstück war jedoch das Beste, was ich in ganz Spanien bisher geboten bekommen hatte!! Ganz frische und schmackhafte dunkle Brötchen, belegt mit den verschiedensten Köstlichkeiten. Ich wählte auf Empfehlung einen ganz besonderen Schinken und wurde nicht enttäuscht. Köstlich! Köstlich! Schließlich nahm ich mir sogar noch eins als Proviant mit – das hatte ich noch nie zuvor gemacht.

Dann ging ich weiter. Nach einem knappen Kilometer kam mir ein kleiner, älterer Franzose entgegen, mit dem ich zwar schon mehrmals Grüße und freundliche Blicke ausgetauscht, mich aber leider nie unterhalten hatte, weil er nur Französisch sprach. Er kehrte wieder zurück, weil er in der Bar vergessen hatte zu bezahlen! Er schaute mich lächelnd an, zuckte mit den Schultern und sagte: „C'est correct." Ja, das war es.

Am Ende der Stadt (nahe der Herberge) entdeckte ich Jill, J.J. und Michael beim Frühstück in einer Bar. Ich setzte mich kurz zu ihnen. Michael meinte, sie wollten heute bis Monte del Gozo laufen, er habe es satt und wolle endlich ankommen. Ich nahm ihn nicht ernst und auch Jill und J.J. verdrehten nur die Augen. Schließlich würde dies bedeuten, fast vierzig Kilometer zu laufen! Ganz ausgeschlossen.

Ich setzte meinen Weg fort. Nach kurzer Zeit begann es leicht zu regnen und vor uns bildete sich ein herrlicher Regenbogen. Heute waren wirklich außerordentlich viele Pilger unterwegs. Es machte sich nun doch sehr stark bemerkbar, dass viele Spanier auf diesen letzten 100 Kilometern eingestiegen waren. Plötzlich gab es einen Wolkenbruch. Mindestens eine dreiviertel Stunde lang regnete es in Strömen. Ruckzuck hatten alle Pilger ihre Regenjacken oder Regencapes übergeworfen, und ich fand das Ganze faszinierend und überaus vergnüglich. Manchmal blieb ich stehen und freute mich an der regennassen Gesellschaft. Keiner konnte begreifen, dass ich bei diesem Regen so gute Laune hatte und mich anscheinend köstlich amüsierte, aber schließlich war ich nun schon fünf Wochen unterwegs und dies war der erste richtig starke Regen. Ich genoss ihn, zumal es nicht kalt war dabei. Als wir den kleinen Ort Calle erreichten, stürmten wir die erste Bar. Alle waren klatschnass. Was hätte ich für einen Trockner gegeben!! Aber meine diesbezügliche Frage wurde als Witz aufgefasst. Ein **Colacao** *(heiße Schokolade)* wärmte mich auf, ich aß das Schinkenbrötchen und fühlte mich bald wieder frisch und gestärkt. Der Regen hatte mittlerweile aufgehört, ich ging weiter.

In Santa Irene machte ich zusammen mit Monique, ihrer Schwester Odile und dem befreundeten Ehepaar eine Pause in einer Bar, die hinten einen kleinen Garten hatte. Während die vier ein Riesenbocadillo vertilgten und ich mir ein großes Schokoladeneis und ein Glas Wasser gönnte, fing es schon wieder an, ganz leicht zu regnen.

Von hier aus lief ich dann zusammen mit einem Spanier weiter. Er gehörte zu einer Freundesgruppe und irgendwie waren wir ins Reden gekommen. Den ganzen Weg, etwa eine Stunde bis Pedrouzo, waren wir derart ins Gespräch vertieft, dass ich gar nicht richtig mitbekam, dass ich die ganze Zeit lief. In Pedrouzo angekommen, trennten sich die Männer von mir. Sie wollten ein Restaurant finden, um zu essen und anschließend vielleicht noch bis zum nächsten Ort wandern. Ich lief zur Herberge. Dort stellte ich mich in die Schlange.

Nach ungefähr zehn Minuten aber überkam es mich mit einem Mal: Ich wollte hier gar nicht bleiben. Ich wollte weiter. Es war noch früh, noch nicht mal ein Uhr. Was sollte ich hier? Noch eine Nacht? Morgen noch mal ein ganzer Wandertag? 21 Kilometer bis Santiago und ich würde die Pilgermesse um zwölf Uhr nicht besuchen können, auch nicht übermorgen; denn da musste ich Santiago schon gegen halb eins verlassen. Nein, ich wollte heute in Monte del Gozo ankommen! Wenn ich das nicht schaffte, dann wollte ich wenigsten so nah wie möglich an Santiago herankommen. Irgendeine Privatunterkunft würde es doch auf dem Weg wohl geben. Also machte ich mich wieder auf den Weg.

Als ich Pedrouzo verließ, kamen mir die Männer entgegen, offenbar hatten sie kein Restaurant gefunden und sie wollten auch nicht weiter wandern, denn es war ihnen klar geworden, dass es eine Herberge vor Monte del Gozo nicht mehr geben würde und bis dahin waren es noch 16 Kilometer! Sie waren vollkommen überrascht, mich nun wieder unterwegs zu sehen und wollten mich zurückhalten. Aber ohne Erfolg. Ich war so aufgedreht, dass ich nur noch weg und weiter wollte. Ich gab ihnen meine E-Mail-Adresse und bat sie, mir das Foto zu schicken, das sie mit mir kurz vor Pedrouzo gemacht hatten.

Bei dieser Gelegenheit ließ ich wohl meinen Stock stehen. Erst viel später vermisste ich ihn, war dann aber sogleich erleichtert, dass er weg war. Ich hatte nämlich tatsächlich schon ernsthaft angefangen mir Gedanken darüber zu machen, wo ich ihn zu Hause wohl aufbewahren wollte. In Santiago zurücklassen konnte ich ihn ja nicht einfach so, schließlich war er mir ein zu treuer Begleiter gewesen, aber ich hatte auch nicht die Absicht, ihn irgendwo sichtbar hinzustellen ... Nun fühlte ich mich frei, und beschwingt lief ich weiter und immer weiter. Vorbei an all den kleinen Orten, Bars und eventuell auch Hostales.

Auf dem Weg nach Monte del Gozo

Als ich im Restaurant **Porta de Santiago** *–Tür von Santiago–* ankam und mich mit einem Stück Tortilla stärkte, wusste ich ganz sicher, die letzte Stunde bis Monte del Gozo wäre nun auch kein Problem mehr und gönnte mir ein kleines Bier.

Um etwa 17.30 Uhr kam ich in Monte del Gozo an. Geschafft, aber glücklich und immer noch voller Energie!! Ich war 39,5 Kilometer gelaufen. Kaum zu fassen!! Als Michael aus der Dusche kam, fiel er fast um vor Überraschung. Jill und ich fielen uns nur noch in die Arme und auch J.J. umarmte mich hocherfreut.

Karen war ebenfalls hier. Aber sie befand sich bereits auf dem Rückweg! Sie war in Finisterre gewesen, und nun wollte sie den ganzen Weg wieder zu Fuß zurück – bis Belgien. Etwas ängstlich war ihr schon zumute, denn die Pfeile zeigten schließlich in Richtung Santiago. Würde sie immer den richtigen Weg finden?

Die Herberge in Monte del Gozo ist wirklich nicht besonders schön. Es handelt sich um einen Riesenkomplex mit Hotelanlage, Restaurants, Wäscherei, kleinen Läden. Alles recht hässlich aus Beton, aber dennoch: Es war ein herrliches Gefühl hier zu sein und zu wissen: Morgen sind es nur noch fünf Kilometer bis nach Santiago. Ich war überglücklich.

Unten an der Plaza lag ein großes, helles, amerikanisch wirkendes Restaurant, in dem Jill, J.J., Michael und ich gemeinsam eine Kleinigkeit aßen und tranken. Später warf ich mein langärmliges Hemd in den Mülleimer. Früher verbrannten die Pilger am Ende ihrer Reise ihre gesamte Kleidung und zogen neue Sachen an, die sie extra für diesen Zweck mitgebracht hatten. Ich begnügte mich mit dieser kleinen symbolischen Handlung.

Eine Deutsche in meinem Zimmer war wie Karen ebenfalls schon in Santiago gewesen. Sie war für die heutige Nacht hierher zurückgekehrt, weil die Übernachtung kostenlos ist, und morgen würde sie in Richtung Finisterre weiterlaufen. Dorthin wollten auch die zwei spanischen Zimmergenossinnen, allerdings mit dem Fahrrad.

37. Tag
Donnerstag, 28. Juli 2005
Monte del Gozo → Santiago   **5 km**

Heute morgen schlief ich ein wenig länger. Erst gegen neun Uhr machte ich mich ganz entspannt und gemütlich auf die letzten Kilometer nach Santiago de Compostela. In einer kleinen Bar frühstückte ich wie immer: eine heiße Milch und zwei Madalenas. Eine nette ältere Señora war hier die Wirtin und das Frühstück erschien mir besonders köstlich. Ich fühlte mich hervorragend.

Auf dem Weg, schon fast im Zentrum der Stadt, traf ich Giovanni! Er lächelte wie immer, als er mich sah, doch als ich fragte, wie es ihm ging, gestand er mir, dass er kein Geld mehr habe und die letzte Nacht auf der Straße hatte verbringen müssen. Er war auf dem Weg zur Bank und wollte sich Geld schicken lassen. Irgendetwas war geschehen, aber er erzählte nichts Genaues. Ich gab ihm fünf Euro, damit er wenigstens die nächste Nacht nicht wieder draußen schlafen musste. Das Wetter lud in keiner Weise dazu ein, denn seit gestern nieselte es beständig. Eigentlich hätte ich ihm gerne zehn Euro gegeben, fünf kamen mir richtig schäbig vor, aber ich hatte nur noch einen 50-Euro-Schein und zu sagen, komm mal mit, ich will die 50 Euro wechseln und dir dann zehn geben, war mir in dem Moment zu umständlich.

Ich hätte ihn zum Frühstück einladen sollen! Hinterher ist man immer schlauer. Später erzählten mir Jill, J.J. und Michael, dass man ihm sein ganzes Geld gestohlen hatte! Ausgerechnet ihm, der immer so gut gelaunt war und während des Gehens ständig betete.

Ich erreichte den Platz vor der Kathedrale nicht auf dem Weg, den ich erwartet hatte, ich kam gewissermaßen von hinten. Das enttäuschte mich im ersten Moment ein wenig, aber nichtsdestotrotz strahlte ich vor Glück: Ich hatte es wie *Endrina* (und doch ganz anders) geschafft! Der Nieselregen hatte aufgehört und ich setzte mich mitten auf dem Platz auf meinen Rucksack. Genau in der Mitte saß ich und strahlte glücklich die Kathedrale an. Ich war angekommen, in jeder Hinsicht und vollkommen. In Santiago de Compostela – zu Fuß.

Nach einer sehr langen Weile stand ich – immer noch überglücklich – auf und machte mich daran, ein Zimmer zu suchen. Eine junge Frau stand plötzlich vor mir und bot mir günstig ein Privatzimmer an. Ich lehnte ab, denn im Grunde stand längst fest: Ich wollte ins Kloster-Hostal San Martín Pinario, wo ich vor zwei Jahren mit meinem Mann übernachtet hatte und das ich Debbie und Janet und natürlich auch Jill, J.J. und Michael empfohlen hatte. Doch wie so oft auf dieser Reise, suchte ich erst noch ein bisschen herum, erkundigte mich hier und da nach den Preisen, um schließlich genau dort mein Zimmer zu nehmen, wo ich es von Anfang an vorgehabt hatte.

Als ich wieder vor der Kathedrale stand, traf ich Jill, J.J. und Michael! Ich brachte sie ins Hostal und wir verabredeten uns zum Abendessen. Wie wunderbar. Wir hatten den Weg zusammen begonnen und nun würden wir hier gemeinsam den Abschluss begehen. Ich ging ziemlich zeitig in die Kathedrale, denn ich wollte auf jeden Fall einen Sitzplatz haben. Als ich vor zwei Jahren mit meinem Mann hier gewesen war, hatten wir die brechend volle Kathedrale fluchtartig verlassen. Wir hatten das Gefühl gehabt, nicht hierher zu gehören. Die Messe war für die Pilger, und es war uns nicht richtig vorgekommen, dass wir vielleicht einen Platz finden würden, während einige der Pilger draußen vor der Tür bleiben müssten.

Die Kathedrale ist das Herzstück Santiago de Compostelas. Sie überragt alle Gebäude der Stadt und wird sobald es dunkel wird von allen

Seiten angestrahlt. Die meisten Pilger und Touristen gehen in die Krypta hinunter, wo in einer silberverkleideten Truhe die angeblichen Überreste des Apostels und seiner beiden Jünger aufbewahrt werden. Über eine schmale Treppe gelangt man hinter eine gold- und silberglänzende Apostelbüste und umarmt sie – für die meisten ein ergreifendes Erlebnis, bei dem sich jeder dem Apostel ganz nah fühlen kann.

Gleich hinter dem Eingang des Westportals der Kathedrale befindet sich die **Pórtica de la Gloria** – die *Pforte ins Himmelreich* mit der nach meinem Geschmack schönsten Statue des Heiligen Jakob als Patron der Pilger auf einer hohen Marmorsäule. Hier ist es Sitte, seine rechte Hand auf eine Stelle unterhalb der Statue zu legen. Sie ist dadurch schon ganz dunkel und abgegriffen. Es heißt, die Schöpferkraft des Meister Mateo, der die Kathedrale, dieses prachtvolle spätgotische Kunstwerk, geschaffen hat, würde dabei in einen hineinfließen. Ich beschloss, mich in diese Schlange zu stellen. Als ich an der Reihe war, trat ich vor die Statue des Jakob und obwohl ich ein bisschen befürchtete, ich könnte mich vielleicht nicht wieder erheben, kniete ich mich hin und tat dies voller Dankbarkeit. Mein Körper hatte mich den langen Weg hierher getragen, ich fühlte mich reich beschenkt und glücklich.

Die Pilgermesse war dann ein besonderes Spektakel. Die Kathedrale war voll bis auf die ersten zehn Reihen, die freigehalten wurden. Kurz bevor es losging, erklang plötzlich laute Dudelsackmusik und eine galicische Delegation in Trachtenkleidung zog ein. Danach folgte eine vielköpfige katalanische Familie, ebenfalls in prachtvollen Trachten – die Silberhochzeitsgesellschaft des Paares aus Valencia, die ich in Ventas de Narón kennengelernt hatte! Es war beeindruckend, und der Priester widmete diesen beiden Gruppen zusätzlich viel Aufmerksamkeit und extra Ansprachen. Er verlas sogar einen Text auf Galicisch, den er anschließend übersetzte: Es ging um die besondere Würdigung der Galicier, ihrer Kultur und Sprache.

Zum Abschluss wurde der berühmte **Botafumeiro** des Königs, der 50 Kilo schwere und über einen Meter hohe *Weihrauchkessel* durch das 65 Meter lange Querschiff geschwungen. Dazu wurden acht Männer benötigt. Einer von ihnen fing ihn am Ende auf und brachte ihn zum Stillstand, dabei drehte er sich mehrere Male um die eigene Achse – ein spektakuläres Ereignis, das mit großem Applaus von allen gewürdigt wurde!

Ursprünglich diente ein Weihrauchkessel in dieser Dimension der Reinigung der Kathedrale; denn die Pilger in früheren Jahrhunderten übernachteten nach ihrer langen Pilgerschaft auch hier drin und verströmten entsprechende Düfte.

Heutzutage ist er hauptsächlich ein Symbol für geistige Reinigung und natürlich eine Touristenattraktion.

Anschließend ging ich ins Pilgerbüro und ließ mir dort meine Urkunde ausstellen – selbstverständlich eine nicht-religiöse! Dann holte ich mein Päckchen bei der Post ab und fand zu meiner Freude auch noch einen Brief von meiner Schwiegermutter. Ich bummelte durch Santiago, und trotz des Nieselregens war ich voller Freude und Glück. Nichts konnte das schmälern.

Abends aßen wir alle vier im Kloster, es gab nur ein kaltes Menü, wenn man mal von dem Spiegelei absah. Irgendwie kam uns das ein wenig merkwürdig vor, aber wir waren guter Dinge und genossen das schlichte Essen, die Freundlichkeit des netten Kellners und den recht guten Wein in vollen Zügen.

Danach bummelten wir gemeinsam zur Altstadt hinaus, in den großen Park hinein und hinauf zu dem Punkt, von wo aus ich ihnen den Blick auf Santiago zeigte. Sie waren begeistert und wir blieben so lange, bis endlich die Dunkelheit hereinbrach und die Kathedrale allmählich angestrahlt wurde und golden leuchtete.

Anschließend lud Michael uns zu einer Flasche Wein ein und wir hatten das Glück, ein Straßenkonzert mitzuerleben. Es ging uns rundum gut. Wir waren glücklich.

38. Tag
Freitag, 29. Juli 2005
Santiago de Compostela → Madrid → Berlin

Ich hatte überhaupt kein Problem damit, auszuschlafen und nicht wieder loszuwandern. Um halb zehn verließ ich das Kloster und ging frühstücken. Dabei lief mir Sarah über den Weg und ich lud sie voller Freude zu einer heißen Schokolade ein. Sie war auch gestern ange-kommen und wollte morgen noch weiter nach Finisterre wandern. Wir verabredeten, in Kontakt zu bleiben.

Ich kaufte viele kleine silberne Jakobsmuscheln, so wie ich es mir vorgenommen hatte, einschließlich einer großen für mich und je einer schönen goldenen für meine Schwiegermutter und für meine Groß-nichte. Und ich kaufte eine *Tarta de Santiago*, die berühmte *Sant-iago-Torte*, die nur aus Mandeln und Ei besteht und die ich so sehr liebe.

Der Regen war heute ziemlich stark und ich hätte gerne einen Schirm oder ein richtiges Regencape gehabt. Aber mein Aufenthalt dauerte nun nur noch ein paar Stunden, so dass ich nichts dergleichen kaufte. Ich ging wieder zurück zum Kloster. Vor dem Portal stand Michael und schaute lächelnd den einwandernden Pilgern entgegen, woran er große Freude zu haben schien. Ich ging auf mein Zimmer und packte, dann führte ich Jill, J.J. und Michael in das Lädchen mit den winzigen Silbermuscheln. Jill war von ihnen ganz hingerissen.

Schließlich setzte ich mich allein noch ein halbes Stündchen in ein kleines Café und genoss meine letzte heiße Milch und die letzten spanischen Gesprächsfetzen um mich herum. Als ich später meinen Rucksack aus dem Zimmer geholt hatte und zahlen wollte, waren Jill, J.J. und Michael verschwunden.
Sie würden nachmittags mit dem Zug nach Madrid fahren. Dort hatten sie noch zwei Tage Zeit, um die Stadt touristisch zu erkunden und dann mussten auch sie zurück nach Hause fliegen. Nun waren sie weg! Das konnte nicht sein. Ich wollte mich unbedingt richtig von ihnen verabschieden. Also machte ich mich auf die Suche und fand sie in der Touristeninformation.

Wir umarmten uns noch einmal voller Freude und auch mit ein wenig Wehmut.

Um halb eins rief der Klosterportier ein Taxi für mich und kurz darauf wurde ich aus Santiago hinausgefahren. Vorbei noch einmal an einigen vertrauten Plätzen. Über die Autobahn, am Abzweig Richtung Monte del Gozo vorbei und nach einer Viertelstunde stand ich auf dem Flughafen.

Von nun an ging alles ganz schnell: Einchecken, einsteigen, losfliegen. In Madrid: Gepäck abholen, wieder einchecken, ein Bocadillo und ein Bier in einer der vielen Flughafenbars, wieder einsteigen, und das Flugzeug hob ab. Um zwanzig vor zehn kam ich in Berlin an, zwanzig Minuten zu früh. Ich rief meinen Sohn an. Er hatte gerade losgehen wollen, um mich abzuholen. Ich sagte ihm, er solle zu Hause bleiben, ich würde mich in den nächsten Bus setzen und sei im Nu bei ihm. Und das war ich auch. Es war warm in Berlin und sehr schwül. Es musste geregnet haben, denn die Straßen waren nass und dampften regelrecht.

Es war schön, wieder zu Hause zu sein.
Es war schön, meinen Sohn zu umarmen.
Und mein Mann würde auch bald kommen.

Kleine Schlussbemerkungen

Es fiel mir auch zu Hause nicht schwer, auszuschlafen und nicht mehr zu gehen. Viele fanden das merkwürdig. Ich finde es lediglich etwas schade; denn wenn ich mich so an das Gehen gewöhnt hätte, dass ich es hier in Berlin weiter hätte betreiben wollen, dann wäre das sicherlich für meine Gesamtkonstitution und meine Kondition richtig gut.

Für mich war diese Reise eine Reise zu mir selbst und ein Wahnsinnserlebnis. Ich habe seither das Gefühl, in meinem Körper angekommen zu sein. Ich fühle und schätze ihn mehr, als ich es jemals vorher getan habe. Ich habe erlebt, wie viel Kraft in mir steckt und wie es sich anfühlt, an meine Grenzen zu gelangen. Ich habe gelernt, genau zu spüren, was mein Körper braucht.

Ich habe 665 Kilometer zu Fuß bewältigt, fast jeden Tag zwanzig Kilometer und mehr! Das hätte ich vorher nie für möglich gehalten.

Hätte ich mehr Zeit gehabt, hätte ich auch die ganze Strecke laufen können. Der Zeitfaktor war von Anfang an das Problematischste, aber im Grunde ist das gar nicht mehr wichtig. Im Gegenteil: Ich bin den Weg so und in dieser Weise gegangen und bin dadurch genau den Menschen begegnet, denen ich begegnet bin, und ich hätte es nicht anders haben wollen.

Ich habe die Erfahrung gemacht, wie es ist, den Jakobsweg zu verlassen und auf eigene Faust einen Weg zu finden. Ich habe um Hilfe gebeten, wenn ich sie brauchte, Ruhepausen eingelegt, wenn sie nötig waren. Und vor allem habe ich meine Bindungen gespürt und meine Liebe – zu meinem Mann, meinem Sohn, meiner Schwester, meinen Schwiegereltern, meinen beiden Nichten und meinen Freundinnen. Sie alle haben mich unterstützt und waren in Gedanken bei mir. Wie viel mir diese Menschen bedeuten und wie sehr ich sie brauche, habe ich in diesen Wochen so deutlich gespürt wie nie. All dies waren ungeheuer wichtige Erfahrungen, die mich auch innerlich stärker gemacht und die mich gelehrt haben, mir ganz ohne jeden Zweifel zu vertrauen und gleichzeitig zu wissen, dass ich nicht alleine bin.

Auf dem Camino selbst waren die menschlichen Begegnungen das Wichtigste und Schönste. Täglich zu erleben, dass es so viele freundliche, rücksichtsvolle und aufeinander achtende Menschen von überall auf der Welt gibt, war ein kostbares Geschenk für mich.

Und dann die Nähe zur Natur. Das stundenlange Gehen quer durch ein Land, das ich seit Jahren kenne und liebe, auf einem Weg, der durch die unterschiedlichsten Gegenden führt, hat mich sehen lassen, wie wunderschön unsere Welt ist – immer noch. Wenn ich das auch vorher bereits wusste, so habe ich es auf dieser Reise jeden Tag immer wieder aufs Neue gespürt und erfahren. Ebenso, wie klein wir Menschen doch angesichts der gewaltigen und in großen Teilen immer noch unberührten Natur sind und gleichzeitig, wie enorm groß unsere Macht zur Zerstörung derselben ist und welche gewaltige Verantwortung wir daher haben, diese Welt zu erhalten.

Meine Wanderung nach Santiago de Compostela hatte zu keiner Zeit einen religiösen Hintergrund und die Tatsache, dass dort nicht der „wahre Jakob" liegt, hat für mich dabei ihren ganz besonderen Reiz. Ich wurde von der Idee getragen einen Weg zu gehen, den schon Tausende vor mir gegangen waren und von der Gewissheit, dass einem die Fähigkeiten zuwachsen, wenn man etwas von ganzem Herzen will.

Ich bin sehr froh, dass dieser Pilgerweg noch immer existiert. Dieser alte keltische Weg, der unter der Milchstraße bis ans *Ende der damaligen Welt*, nach ***Finisterre*** führte, wo er auch heute noch endet, ist etwas ganz besonderes. Die Gewissheit, auf einem geschützten Weg zu gehen und von der Bevölkerung als Pilgerin erkannt und in gewisser Weise geachtet zu werden, war für mich etwas ganz Wunderbares. Ich fühlte mich stets sicher und geborgen.

Die größte Überraschung nach meiner Reise war, dass Michael mir eröffnete, er sei katholischer Priester!

Eine Seite aus meinem Pilgerpass:

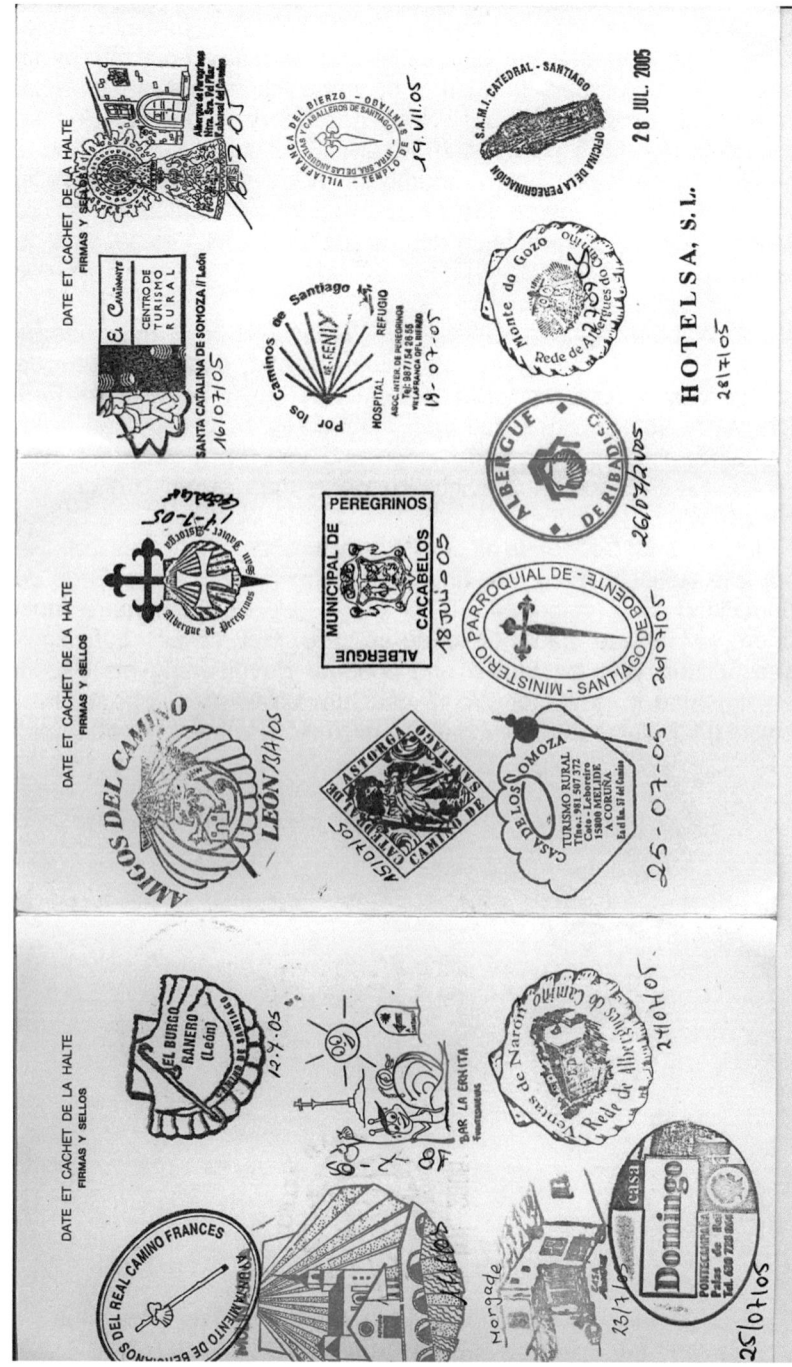

Danksagung

Ich habe mir einen Traum erfüllt und danke allen,
die mich dabei unterstützten.

Vielen Dank ganz besonders an meinen Mann
und meine Freundinnen Marion und Vera sowie
an meine Kolleginnen Patricia, Sabine und Ursula.
Sie haben mit großer Geduld
zu verschiedenen Zeiten
mein Manuskript gelesen und korrigiert
sowie mir mit ihrer konstruktiven Kritik
Mut gemacht, das Tagebuch zu veröffentlichen.

Von ganzem Herzen danke ich
meinem Mitpilger Antonio Martínez Torres
für die großzügige Erlaubnis,
seine Fotos zu veröffentlichen.

Die nicht-religiöse Pilgerurkunde:

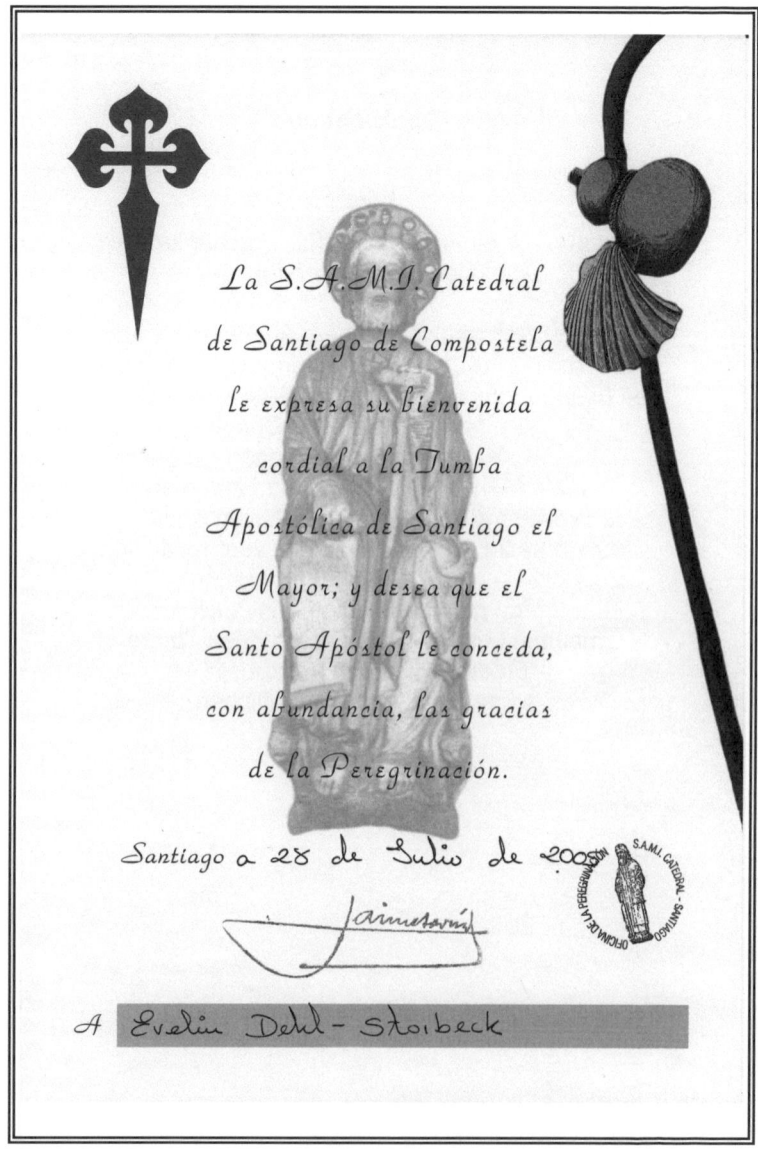

La S.A.M.J. Catedral
de Santiago de Compostela
le expresa su bienvenida
cordial a la Tumba
Apostólica de Santiago el
Mayor; y desea que el
Santo Apóstol le conceda,
con abundancia, las gracias
de la Peregrinación.

Santiago a 28 de Julio de 2005

A Evelin Dehl - Stoibeck

Die S.A.M.J. Kathedrale von Santiago de Compostela
heißt Sie herzlich
am Grab des Heiligen Apostels Jakob des Älteren
willkommen und wünscht, dass Ihnen der Heilige Apostel
in Fülle die Segnungen der Pilgerschaft gewährt.

(Übersetzung von mir)

Meine ganz persönliche Bücherliste – und Adressen

1.) Endrina y el secreto del peregrino
von Concha Lopez Narvaez;
Austral Juvenil, Espasa-Calpe S.A., Madrid

2.) Stimme des Zwielichts
von Ulli Olvedi; Knaur Taschenbuch Verlag, München

3.) Erinnerungen an die Zukunft
Ungelöste Rätsel der Vergangenheit
von Erich van Däniken; Econ-Verlag, Düsseldorf-Wien

4.) Spanien: Jakobsweg – Camino Frances.
Der Weg ist das Ziel
von Michael Kasper; Conrad Stein Verlag

5.) Die Jüdin von Toledo
von Lion Feuchtwanger

6.) El Cid. Leben und Legende des spanischen
Nationalhelden. Eine Biographie
von Richard Fletcher; Quadriga, Berlin

7.) Der Jakobsweg – Eine spirituelle Reise
von Shirley MacLaine

9.) Auf dem Jakobsweg - Pilgerstimmen
von Andreas Drouve; topos taschenbücher

10.) Jakobsweg der Freude
- Von Strasbourg nach Santiago de Compostela -
von Bert Teklenborg; Tyrolia-Verlag, Innsbruck-Wien

Deutsche St.-Jakobusgesellschaft
Tempelhoferstr. 21, 52068 Aachen   www.pilger-weg.de

El Proyecto Ávalon
Iniciativa para una Cultura de Paz   www.avalonproject.org

Sollten Sie Kontakt zu mir aufnehmen wollen, können Sie dies unter:
allein_auf_dem_jakobsweg@yahoo.de

Hier endet der eigentliche, der keltische Pilgerweg
"Unter der Milchstraße"

Finisterre